環境学習の
ラーニング・デザイン

アクティブ・ラーニングで学ぶ持続可能な社会づくり

日本環境教育学会編

PROLOGUE
刊行に寄せて

　本書は，一般社団法人日本環境教育学会が設立30周年記念として企画したものです。日本環境教育学会が目指してきた新しい教育の在り方が，ようやく日本の学校教育でもこれから主流になろうとしています。それを推進するためにも，「環境学習のラーニング・デザイン」を広く示すことが重要と考えて刊行することにしました。本書は大学における2単位科目，とくに教員養成系及び一般大学の教職課程の「持続可能な社会づくり」のための教材を想定して，15章で構成しました。しかし，大学での使用だけでなく，小中高の学校教育の現場で実践されている先生方にも活用してもらえるように編集しました。また，環境問題や社会問題に関心のある一般の方々，市民講座や生涯学習・社会教育などを企画されている方々などにも活用してもらえることを願っています。

　いま，学校教育が大きく変わろうとしています。

　そのことは，新学習指導要領の前文と総則に記された「持続可能な社会」「主体的・対話的で深い学び」「カリキュラム・マネジメント」「社会に開かれた教育課程」という4つのキー・フレーズに表れています。

　まず，学校教育の目的として，教育基本法に記された「人格の完成をめざし，…心身ともに健康な国民の育成」に加え，「持続可能な社会の創り手」を育むことが新学習指導要領で明確に示されました。地球温暖化などの生態的な持続可能性が人類の将来の生存をも脅かすようになっているだけでなく，日本の社会は世界に先駆けて少子高齢化と人口減少という困難な課題に直面しています。そのためには学校教育で「持続可能な社会の創り手」を育むことが必要になっています。

　次の「主体的・対話的で深い学び」は，新学習指導要領で示された教育方法の革新の中核で，諮問段階では「アクティブ・ラーニング」と表現されていました。環境教育では1980年代から「参加体験型」といういい方で，まさにアクティブ・ラーニングを学び方の基本としてきました。アクティブ・ラーニングを有効なものにするために，ワークショップという学びの場をつくることや，学びを「促す」ファシリテーション

などを重視してきました。そのようなアクティブ・ラーニングを実践してきた環境教育の歴史と蓄積が本書にも生かされています。

　三番目の「カリキュラム・マネジメント」は，いつの時代においても，学校運営・学校管理の基本です。しかし，今回の新指導要領では，これまで「総合的な学習の時間」で重視されてきた「教科横断的な学び」が強調され，学校教育の全体を「教科横断的な学び」にすることが求められています。その背景には，「持続可能な社会の創り手」を育むには，教科の枠にとらわれた内容の学習だけを行っていたのでは，十分な効果を発揮しえないという認識の浸透があります。本書では度々SDGs（持続可能な開発目標）に言及しています。2030年に向けた17のゴールからなるSDGsを教育内容の中核に設定する学校が増えています。教科横断的に探究する学習テーマとしてSDGsの17のゴールが最適だからでしょう。また，SDGsを主軸に据えた探究型の学習こそが，今の時代に求められる学力の向上に直結しているからでしょう。

　四番目の「社会に開かれた教育課程」は，今回の新学習指導要領の中心をなす考え方です。地域社会との連携を密にした「地域とともに歩む学校」を目指す動きや，「チームとしての学校」という地域と学校がチームを組んで健全な学校運営を目指す動きも進んでいます。学校教育の関係者が学校外の人材にも拡大されようとしています。この点でも環境教育はこれまでも地域との密接な関係を重視した学びを進めてきました。

　以上述べてきたように，学校教育の目標，方法，内容，関係者のいずれもが大きく変わろうとしています。そのような流れをさらに加速させることができるように，本書では，図や写真を豊富に用いて，読みやすく，学びやすいものにするよう心掛けました。

　ぜひ，本書を活用して，これからの社会を担う青少年に，新しい時代に相応しい教育を提供していただきたいと思っています。

日本環境教育学会会長　諏訪哲郎

PROLOGUE
まえがき（解題）

　教室の中で黒板を前にして，あるいは教室を離れて青空の下で，環境を主題に学んでいる場面を想像していただきたいと思います。教室の中ではおそらく，途上国の環境問題についての現状を学びながらビデオの映像を見ているかもしれません。野外では，原っぱを駆け回って動物や植物の採集や観察をしているかもしれません。

　そのとき，そこで学んでいる人は，それぞれに固有の名前を持ち，個性を持ち，生育の履歴を持っているでしょう。また，学習者と向き合っている人は，ベテランであったり新人であったり，あるいは教員免許を持った先生であったり，専門家として招かれたゲストティーチャーであったりするかもしれません。そこでの場所や時間，学習材などの環境的要素や，学習のねらいや目標，展開や評価といったプロセスも多様です。このように，内容的にも方法的にも幅広い領域にまたがる「環境」の学習は，様々な要素が相互に絡み合った複雑なものになるでしょう。

　多様性，関連性，複雑性を特徴とする環境学習は，予測不能なものになる可能性が大きいと考えられます。これまでの学習論は，学習計画を立案し，実行し，評価し，改善するという４段階のサイクルを螺旋的に繰り返すことによって，その結果の質を向上させようというものでした。しかし実際の環境学習は，必ずしもこのように順調なプロセスを経るとは限りません。学習者はときに立ち止まることもあれば，思わぬジャンプをすることもあり，その姿は見る者に感動すら与えることがあります。

　予測不能な学習は，もはやプログラムというよりも，可能性のデザインと呼ぶ方がふさわしいといえるでしょう。このような理由から，私たちは本書のタイトルを，「環境学習」や「環境学習のプログラム」ではなく，「環境学習のラーニング・デザイン」とすることにしました。なにぶん聞き慣れない言葉かもしれませんが，この言葉こそが本書の全体の主旨を表現するのにもっともふさわしいと，私たちは考えています。

　また，目標・達成・評価からなるプログラムではなく，設計・実践・省察からなる創造的なデザインとしての学習においては，全参加者相互

の活発なコミュニケーションが欠かせません。活発なコミュニケーションは，積極的で能動的で活動的な学習を生み出します。ちなみに積極的，能動的，活動的，これら三つの言葉の英語訳はいずれも「Active（アクティブ）」です。すなわち，デザインとしての環境学習は同時にアクティブ・ラーニングでもあるのです。

　大学教育の「質的転換答申」（2012.8）で注目されるようになった「アクティブ・ラーニング」は，2008年版学習指導要領の改定にむけた中教審教育課程企画特別部会の「論点整理」（2015.8）の理論的バックボーンでもありました。その後の中教審答申（2018.12）を経て2019・20年版新学習指導要領においてアクティブ・ラーニングは，「主体的・対話的で深い学び」と言い換えられるようになりましたが，その基本的なコンセプトは今も変わっていません。

　アクティブ・ラーニングについて「論点整理」（2015）は，育成すべき資質・能力を総合的に育むという意義を踏まえた積極的な取組の重要性を指摘する一方，「指導法を一定の型にはめ，教育の質の改善のための取組が，狭い意味での授業の方法や技術の改善に終始するのではないかとの懸念を示しています。また，これらの懸念を払拭するために「学びの量とともに，質や深まりが重要」であるとともに，「子どもたちがどのように学ぶかについても光を当てる必要」があるとも述べています。

　本書では，以下の15の章にわたって，環境学習の理念と実践例を示し，とくに実践例においてはさまざまな手法を紹介しています。しかし，それらはあくまでも学習のデザインであって，型にはまったプログラムにするつもりはありません。是非，実践や応用にあたって自由にアレンジしていただきたいと思います。また，学びを質の高く深みのあるものにするために，本書では内容を「持続可能な社会づくり」に焦点化しています。是非，「持続可能な社会づくり」にアクティブに取り組むことを通して，質の高い深い学びをデザインしていただきたいと願っています。

編集委員：小玉敏也・諏訪哲郎・棚橋乾・水山光春

INDEX

刊行に寄せて	2
まえがき（解題）	4
本書の使い方	8

UNIT 01
「持続可能な社会づくり」と 21 世紀の教育
AL　コンセプトマップ　　　　　　　　　　荻原　彰　　｜　10

UNIT 02
持続可能性のための協力と教育
AL　ピラミッド・ランキング　　　　　　　新堀　春輔　　｜　22

UNIT 03
人類の生存と生態的・社会的な持続可能性
AL　タイムライン　　　　　　　　松重　摩耶, 上月　康則　　｜　34

UNIT 04
人類と環境の相互関係
AL　ジグソー法　　　　　　　　　　　　　諏訪　哲郎　　｜　46

UNIT 05
二つの人口問題：過疎と過密
AL　ネット検索＋スライド資料作成　　　　岩本　泰　　｜　58

UNIT 06
日本の人口減少と高齢化
AL　イラストランゲージ　　　　　　　　　河野　崇　　｜　70

UNIT 07
多文化共生と多様性の是非
AL　ディベート　　　　　　　　　　　　　水山　光春　　｜　82

AL= アクティブ・ラーニング

UNIT 08 再生可能エネルギーか自然保護か
AL　えんたくんミーティング　丸茂　哲雄，諏訪　哲郎　｜ 94

UNIT 09 日本の中山間地域の再活性化
AL　ワールドカフェ　　　　　　　　　　　　菜原　智美　｜ 106

UNIT 10 ライフサイクルで評価する環境負荷
AL　アセスメント・シミュレーション　　海老原　誠治　｜ 118

UNIT 11 市民参加による協議　役割体験による状況理解
AL　ロール・プレイング　　　　　　　　　　棚橋　乾　｜ 130

UNIT 12 世界の持続可能性を脅かす地球的課題
AL　ダイヤモンド・ランキング　渡辺　理和，渡部　裕司　｜ 142

UNIT 13 地球温暖化の理解と対応
AL　ディスカッション　　　　　　　　　　　田中　敏久　｜ 154

UNIT 14 「持続可能な社会づくり」プロジェクト
AL　PBL（Project Based Learning）　　斉藤　雅洋　｜ 166

UNIT 15 ESD の評価と 21 世紀の教育
AL　タイムライン・コンセプトマップ　　小玉　敏也　｜ 178

あとがき　｜ 190

INDEX　｜　7

GUIDE / 本書の使い方

　本書の使い方に直結する構成上の特色は二つです。第一は全体が独立した 15 の章からできていること，第二は各章ともに前半は主題に沿った解説を，後半はアクティブ・ラーニングを取り入れた実践を中心に展開されていることです。

　第一の 15 章の構成は，「はじめに」にもあるように，本書が主として大学の教職課程における 2 単位科目の授業で用いられることを想定していることに依っています。大学での 2 単位講義科目の総時間数は 30 時間，回数にして 15 回ですので，それに合わせて各回に 1 つのテーマを扱えるようにしてあります。また，テーマはそれぞれに独立していますので，どの章から取り上げてもらってもかまいません。但し，第 1 章と第 15 章は本書全体の導入とまとめの役割も持っていますので，これら二つの章だけは，最初と最後に取り上げていただければと思います。

　第二の特色は，各章の構造に関係しています。すなわち各章は，「持続可能な社会づくり」をどのように捉えればよいかについて前半で解説し，後半で，具体的に「アクティブ・ラーニング」を通して学びを実践することを基本としています。いわば 15 の解説（内容）と 15 の実践（方法）の組み合わせとなっています。もちろん各章では解説と実践は分かちがたく結びついていますが，切り離して扱うことも可能です。

　たとえば第 7 章では，持続可能な社会としての「多文化共生社会」の在り方を前半で検討し，後半ではそれを「ディベート」という実践の形で示しています。また第 8 章では，「エネルギー選択と自然保護との関わり」を前半で論じ，後半では「共創型対話」としての「えんたくんミーティング」を紹介していますが，二つの章の前半と後半を入れ換えることもできます。そう考えると本書は，計算上では 15 × 15 ＝ 125 通りもの使い方をすることができることになります。是非，いろいろ試していただいて，その結果をフィードバックしていただければと思います。

環境学習の
ラーニング・デザイン

アクティブ・ラーニングで学ぶ持続可能な社会づくり

01
02
03
04
05
06
07
08
09
10
11
12
13
14
15

UNIT 01

「持続可能な社会づくり」と 21 世紀の教育
AL　コンセプトマップ

荻原　彰

学習指導要領と「持続可能な社会づくり」

　ユネスコ憲章では「戦争は人の心の中で生まれるものであるから，人の心の中に平和のとりでを築かなければならない」と「正義・自由・平和のための人類の教育」の必要性をうたっている（国連教育科学文化機関 1945）。それにならえば，「持続可能性のとりで」を心の中に築く「持続可能な開発のための教育（Education for Sustainable Development ESD）」があらゆる学校段階，そして生涯教育の中で求められている。

▶ **義務教育の課題**

　このような ESD の必要性は，近年，広く認識されるようにはなったが，学校（以下，学校という言葉は初等中等教育段階の学校という意味でもっぱら使うことにする）のカリキュラムの中に ESD の理念が定着しているとは言い難い。その根本的な原因は，学校のカリキュラムが教科ごとに縦割りになっており，教科ごとの体系的な知識を系統的に教授するという伝統的教育手法が ESD のような学際的教育になじまないことにある。ESD として扱える内容そのものは各教科の中に豊富に含まれているのだが，それらの知識を統合して，社会・経済構造や生活様式の変革に結びつけられない，つまり「活きた知識」になっていないのである。

　学校教育が持続可能な社会の構築に対応した教育になっていないという課題は，学習指導要領の改訂のたびに議論はされたが，各教科で扱う内容の一覧という指導要領の性格は変化してこなかった。

▶ **開かれた教育課程へ**

　新学習指導要領のもっとも大きな特徴は，この「何を教えるかの一覧」

という性格を踏みこえ，「教科等をこえた教育課程全体の取り組みを通じて，子供たち一人一人が，自然環境や地域の将来などを自らの課題としてとらえ，そうした課題の解決に向けて自分ができることを考え実践できる」（中央教育審議会 2016）というように課題解決力の育成を中心的課題としたことにある。なぜ文部科学省は学習指導要領の性格の大変革に踏み出したのだろうか，まずはその背景を概観し，次いで，この変革を支える2本の柱である「社会に開かれた教育課程」，「アクティブ・ラーニング」について見ていくこととする。

1 学習指導要領改訂の背景

　学校教育が教科を基本に構成されていることにはそれなりの理由がある。学校教育の基本的な考え方は，社会人として必要と思われる知識・技能体系をまず設定し，その体系を「易から難」，「単純なものから複雑なものへ」という原則に従って系統的に教えていくというものである。自動車学校の教程を考えればよい。ブレーキの踏み方のような初歩的知識・技能からはじめ，順次複雑な知識・技能を身につけて最終的にすべての知識・技能を獲得して免許獲得ということになる。

　「社会人として必要と思われる知識・技能体系」は，すべての社会人にとって必要という観点から選択されているわけではない。たとえば多くの高校生は微分・積分を学習するが，社会人となった後，微分・積分を知らないと困るということは滅多にない。では微分・積分を教えないでよいかとなるとそうはいかない。技術者にとっては微分・積分は仕事に必須のツールであり，それを大学の専門教育からはじめるということは非効率極まりないからである。同様のことは他の専門家についてもいえる。学校で教えるべき知識・技能の体系は，さまざまな専門家にとってそれぞれに必要な個別学問の体系を，大学等の専門教育に入学する以前にどこまで学ぶべきかという観点から選択されることになる。それが教科であり，教科はそれぞれの親学問を学習者の発達水準に合わせて，いわば翻訳したものである。初等中等教育は専門教育からの要請に応じ

01　「持続可能な社会づくり」と21世紀の教育　|　11

て教育内容が決まってきたといえる。

しかし，専門教育からの要請は急激に変化している。そのもっとも大きな要因は知識基盤社会への変化である。知識基盤社会とは「新しい知識・情報・技術が政治・経済・文化をはじめ社会のあらゆる領域での活動の基盤として飛躍的に重要性を増す」（中央教育審議会 2005）社会であり，社会を根底的に変革する知識が絶え間なく生まれる社会である。この変化は教育の理念・内容に次のような影響を与えている。

i 知識そのものの教育から知識運用能力の教育への重点の変化

知識は加速度的に増大している。たとえば医学知識は 1950 年の時点では，2 倍になるのに 50 年かかる速度で増えていたが，2020 年には 73 日で 2 倍になると見積もられている。これほどの速度で知識が増えていく以上，大学教育で医師に必要な知識を一通り教えるということはもはや不可能になりつつある。医学教育においてはこの状況の打開策を「問題解決型学習への転換」（日本学術会議 2011），つまり医療現場で起こる具体的な問題に直面しながら，その解決のために必要な知識を探索し，適用していくというタイプの学習の拡充に求めている。知識そのものよりも知識を運用する能力，知識獲得への動機づけ，生涯にわたって学び続ける力の獲得を重視したカリキュラムへと移行しつつある。

同様の変化があらゆる専門教育において起こりつつある。「専門教育を受けるにあたって必要な基礎的知識」よりも「専門教育を受けるにあたって必要な基礎的な資質・能力（動機付けや知識運用能力）」が初等中等教育に求められている。

▶ 知識中心から資質・能力へ

この変化は専門教育からの要請にとどまらない広がりを持っている。知識の爆発的増大とそれにともなう社会の急激な変化はすべての人に影響を与える。変化に押し流されてしまうのではなく，変化に対して「主体的に向き合って関わり合い，その過程を通して，自らの可能性を発揮し，よりよい社会と幸福な人生のつくり手となっていける」（中央教育

審議会 2017）ことが社会構成員全員に求められている。その意味でも初等中等教育は変わらなければならないのであり，初等中等教育のカリキュラム編成の基準となる学習指導要領が知識中心から資質・能力中心へとそのスタンスを変更した背景がここにある。

ⅱ 学問の性格の変化

　教科はそれぞれの親学問の初等中等教育への展開であると述べたが，実は，学問自体の性格も変化している。知識の爆発的増加は個人の処理能力をはるかにこえている。また国家や人類が直面する課題，たとえば地球温暖化に取り組むためには気象学だけでなく，経済学，工学等の学問，そして研究者だけでなく，産業界や消費者の参画も必要となる。研究上の課題にせよ，実務上の課題にせよ，多数の関係者が協働的に問題解決に取り組むことが不可欠になっている。そのような場合，各個人に単に知識があるだけでは問題解決はうまくいかない。各個人が課題解決に向けて自分に何ができるか，何をしたらよいのかを把握し，主体的に課題解決に向けて取り組むと同時に，他の専門分野の人々と対話を行って，課題解決に有効な知を協働的に創造する必要がある。学問やその活用において対話と主体性，そしてその先に実現される課題へのより深い理解が決定的に重要となっている。

　勉強というと各人が一人でコツコツと既存の知識体系を吸収していくというイメージが強い。しかし，学問という勉強の終着点に位置するものの性格の変化を考えると，学びのメインルートは主体的・対話的で深い学びであり，各個人が既存の知識を学ぶことはその一局面と考えたほうがよい。学習指導要領が，内容一覧の域をこえて，「主体的・対話的で深い学びの実現」を掲げ，学び方のあるべき姿の提示に踏み込んだのはこのような学問の性格の変容が背景となっているのである。

② 社会に開かれた教育課程

　上記のような学習指導要領の理念の変化は現実の教育実践に反映され

なければ意味がなく，教育実践に変革をもたらす仕掛けが必要となる。それが「社会に開かれた教育課程」と「アクティブ・ラーニング」である。逆説的に聞こえるかもしれないが，学習指導要領に提示されている教育内容を忠実に「こなしていく」教育実践では，学習指導要領の求める変革は実現できない。知識や技能をさまざまな文脈で活用することによって深めていく，あるいはある課題を追求することによって知識や技能を獲得していくというタイプの学習が重要となる。

　そのような学習の場合，学びの場や学びに関わる人々は，必然的に学校の枠をこえて地域へと広がっていく。たとえばある小学校の教育実践では，屋上プールのヤゴを育ててトンボとなったときの子供たちの「私のトンボはどこに行くのだろう」という疑問からはじまった「トンボ探検隊」が地域の水辺探しを経て，地域の川とそれに関わった人々の歴史や現代の多自然型の川づくりの学習へと展開している（大森1998）。このような学習は教師だけで指導することはできないし，学校の中だけでは完結しない。地域の人々の教育力，教育に活用できる地域資源を最大限に取り込み，活用することが求められる。

▶ 地域でつくるカリキュラム

　このような学習を組織するためには，教師の役割も変容せざるを得ない。教師は知識・技能の伝達者という従来の役割に加え，学習者の学びの自発的発展を手助けするファシリテーターの役割，地域の人材や資源を学習のプロセスのどこでどう活用するかを計画し，調整するコーディネーターの役割を果たすことが求められる。

　「社会に開かれた教育課程」は学校に地域資源等を取り込むことだけにとどまらない。「社会に開かれた教育課程」の背景にはコミュニティ・スクールの理念がある。「社会に開かれた教育課程」はこの理念を教育課程に具体化することといってもよいだろう。

　コミュニティ・スクールは，保護者や地域住民，教職員から構成される学校運営協議会が教育委員会や学校長とともに学校運営に関わる学校のことを指し，「地域でどのような子供たちを育てるのか，何を実現し

ていくのかという目標やビジョンを地域住民等と共有し，地域と一体となって子供たちを育む（地域とともにある学校）」（中央教育審議会2015）を目指す学校である。「子供たちをどんな人に育てたいか」ということは，「どんな社会をつくりたいか」ということにつながる。その意味で「社会に開かれた教育課程」は，よい社会とは何か，よい社会をつくるためにはどんな子供を育てたらよいのかということを地域総がかりで考え，各学校がそれを反映させたカリキュラムを構築し，地域の人々とともに実施してほしいという教育政策からのメッセージなのである。

③ アクティブ・ラーニング

　アクティブ・ラーニングという言葉自体は学習指導要領のなかで直接使われてはいないが，文部科学省は「主体的・対話的で深い学び」と同義としてこの言葉を使っている。

　上に述べたように，今後の社会では，「主体的・対話的で深い学び」が求められているのであり，だからこそ，それが授業の質を改善する視点として提示されているのだが，もう一つの背景として学習観の変化がある。認知心理学の進展にともない，学習は，学習者が目的意識を持って能動的に環境に働きかけるプロセスのなかに埋め込まれることによって効果的に起こること，学習環境としてもっとも重要なのは人であり，人とかかわることによって知的能力が発達することが明らかになってきた。自ら環境（そのもっとも重要なものは他者である）に働きかける能動性（主体性），他者と相互作用する対話性が学習を成立させる要件と考えられるようになったのである。

▶ 学びの文脈を創る

　このような主体性・対話性を保証する教育実践を創造する最大のポイントは「意味のある問いや課題で学びの文脈をつくる」（国立教育政策研究所2015）ことであろう。たとえばある中学校の「北陸本線に列車を走らせよう」という2年生数学教育の実践では，北陸本線に列車を走

01　「持続可能な社会づくり」と21世紀の教育　|　15

らせる計画を各グループが立て，それをグラフ化，式化し，その過程で一次関数を学んでいく。さらに，それをグループで持ち寄り，列車同士の衝突を避けるため，一次関数の学習で学んだ切片や傾きの概念を再度活用して，列車が安全に運航できるダイアグラムを完成させる。この活動はやがて3年生では速さが変化していく運動の学習（二次関数の学習）につながっていく（牧田2004）。

　このように追及への意欲を喚起する文脈のなかに課題が埋め込まれ，その課題を追求するプロセスのなかで知識・技能が獲得され，追求によって，さらに問いが生成されるような深い課題を解決することを学習の柱に据えるのである。

▶ 振り返りが重要

　もう一つ大事なポイントは振り返りである。振り返りとは学習者自身が「自分はこの学習を通じて何を学んできたのか，この学習で学んだことは過去に学んだこととどう関連するのか，この学習で生まれた新しい問いは何か」といったことを意識化し，確認する作業である。この作業を通じて学習者は，学習したことと既存の知識との関連づけを行い，認知構造のなかに新たな知識を統合するとともに，学習したことによる自分の成長を確認し，学びに対しての当事者意識を高めることができる。課題と振り返りは学習の出発点と終着点として呼応している。振り返りが新しい課題を生み出し，次の学習のサイクルがはじまるのである。

アクティブ・ラーニングとしてのコンセプトマップ

1　知識を表現することの意味

　以下ではアクティブ・ラーニングの技法の一つとしてコンセプトマップによる知識表現を扱うが，その前にまず知識を表現することの意味を

考えてみよう。

　人間が何かの知識を学ぶということは，白紙に文を書くように，外からの知識を頭の中にそのまま書き込むことではない。人間の頭は白紙ではなく，既有の知識の構造（認知構造）が存在する。その認知構造の中に他者との相互作用によりもたらされた新たな知識がはめ込まれることによって新しい認知構造が生成する。それが学習である。

　その際，自分の既有の認知構造，つまりそのテーマについて自分が何を知っているかを意識すると，それを批判的に吟味しながら，新たな知識と整合させることによって，新しい認知構造の生成が起きやすくなる。自分の既有の認知構造は自分の頭の中にあることは確かであるが，それを認識する，つまり「自分が何を知っているかを知る」こと（メタ認知）を頭の中だけの作業で行うことは難しい。

　とくに複雑な知識については，図や文章でいったん知識を表現し，表現されたものを見ながら，頭の中を整理して，表現したものに付加したり修正したりするというように，頭の中と表現されたものとの間で相互作用を行うことによって「自分が何を知っているかを知る」ことができる。人間は表現することによって自分を理解するのである。

② コンセプトマップとは何か

　コンセプトマップとは事物や現象を表す「概念ラベル」（以下，概念と呼ぶ）をその概念間の関係を表す言葉（リンクワード）で結んだ命題を単位として構成され，知識を図の形で表現する手法の一つである（福岡2002）。コンセプトマップには，アクティブ・ラーニングとしてよく用いられるウェビングと同様の効果があるが，ここでは，二つの概念を結ぶリンクワードに注目して，とくにコンセプトマップを用いている。筆者が研究室の学生と中学校で行った紫外線についてのコンセプトマップを例として示す（図表1）。

　図表1は紫外線についてのある一人の生徒の作ったもので，たとえば図表1の中央の「紫外線」と右上の「UVインデックス」が線でつなが

れ，その横に「紫外線のレベルをわかりやすくしたもの」とリンクワードが添えてある。これは「UVインデックスは紫外線のレベルをわかりやすくしたもの」という命題を表わしたものである。「UVインデックス」はさらに「気象庁」という概

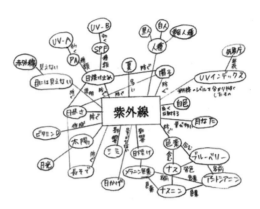

図表1｜紫外線についての授業後のコンセプトマップ
「授業後調査への中学生の回答」

念と「発表」というリンクワードで結ばれ，もう一つの命題を構成している。このようにして構成される，図の形で紫外線に関連した命題群とその相互の関連を表わしたものが，この生徒の紫外線に関するコンセプトマップということになる。

つまりコンセプトマップは命題のネットワークで知識（この場合は紫外線に関する知識）を可視化したものであり，メタ認知の手法の一つである。メタ認知の手法としては，テーマについて文章をつくる，学習後に確認のためのテストをやってみるといった方法もあるが，コンセプトマップの利点は一覧性である。

たとえば図表1を見ると，この生徒は紫外線の指標（UVインデックス），紫外線防護の手法（帽子，日焼け止め等），ビタミンDとの関連などさまざまな文脈で紫外線を理解していることが一目でわかる。逆にいえば，記されていない命題があれば，その命題が紫外線についての認知構造のなかに組み込まれていないということであり，どんな文脈が欠けているかも容易にわかる。

具体的なコンセプトマップのつくり方としては，図表1のように学習の中心となる概念（カギ概念）を一つ指導者が提示し，それに関連した概念をその周辺に配置していく，あるいは，いくつかの概念を提示し，その関係性を考えていくという2つの方法がある。いずれにせよ，提示

された概念と関連しそうな概念を学習者が考え，それらの関係性を示すリンクワードで結んで命題を構成していくのである。

③ アクティブ・ラーニングにおけるコンセプトマップの利用

「主体的・対話的で深い学び」であるアクティブ・ラーニングにおいてコンセプトマップをどのように活用したらよいのだろうか。場合分けして考えてみよう。

i 「学びの地図」として使う

学習の出発点と終着点が呼応していることを上で述べた。学習の出発点においてコンセプトマップを作成し，振り返りにおいてもう一度コンセプトマップを作成し，両者を比較すると，学習を通して自分の認知構造がどう変化したのか，つまり自分はこの学習でどこまで進むことができたのかがわかる。コンセプトマップは学習成果を俯瞰する「学びの地図」として使えるのである。

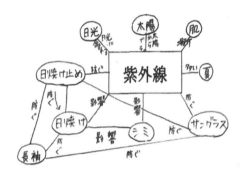

図表2｜紫外線についての学習前のコンセプトマップ
「学習前調査への中学生の回答」

図表2を見てみよう。これは図表1に示した学習者と同一の学習者の紫外線学習前のコンセプトマップである。図表1と比較するとかなり単純な認知構造であることがわかる。学習活動を通して学習者の認知構造はこのように大きく変化したのである。

学習の出発点と終着点は初等中等教育の場合，単元の導入とまとめに対応させることが多いが，単元を構成するいくつかの活動のそれぞれの終わりにもコンセプトマップ作成を取り入れ，それらを比較しながら学習の流れを後づけて単元のまとめを行うことにも利用できる。

ii　対話を促進するツールとして使う

　コンセプトマップは個人の認知構造を表現したものなので，同じテーマであっても個人ごとにコンセプトマップは異なったものとなる。それらを互いに比較することによって他者と自分の認知構造の違いがわかると，そのずれが問題意識を喚起し，対話を誘発する。見方の多様性に気づき，探究の出発点となるのである。

4　コンセプトマップを作ってみよう

用意するもの

　①B4の用紙，②「社会に開かれた教育課程」，「持続可能な社会づくり」，「アクティブ・ラーニング」という3つの概念がそれぞれ書いてある付箋，③各自が概念を書き込む付箋10枚〜20枚（②とは色を変える）

個人によるコンセプトマップの作成

STEP 1　②の付箋を用紙に貼る。間に③の付箋が入ってくるので，貼る位置はある程度離しておく。

STEP 2　②の概念に関連した概念を③の付箋に書き，用紙に貼って線で結び，線にリンクワードを書き込む。これで命題ができたことになる。

STEP 3　上記の概念に関連した概念を考え，さらに命題を付加していく。ただし②の概念と論理的つながりが感じられないところまで発想が広がってしまったら，付加するのをやめる。

コンセプトマップの比較

STEP 1　4人1組のグループをつくる。

STEP 2　グループで一人ずつ，自分のコンセプトマップを他のメンバーに見せ，構造を説明する。他のメンバーは適宜質問を行う。

STEP 3　一通り説明が終わったら，他のメンバーのコンセプトマップ

の説明を聞いて，自分のコンセプトマップに補足すべきこと，修正すべきことを考え，メモしておく。

STEP 4 最後の授業終了後に再度コンセプトマップを作成し，本時で描いたコンセプトマップと比較するので，本時のコンセプトマップを写真に撮っておき，上記のメモとともに保存する。

■参考文献

（各サイトの最終確認日は，2019 年 1 月 31 日）

大森亨・三石初雄編著（1998）「地図に荒川がないのはなぜ？」『生きている土　生きている川』旬報社

国立教育政策研究所（2015）『資質・能力を育成する教育課程の在り方に関する研究』，
https://www.nier.go.jp/05_kenkyu_seika/pf_pdf/20150326.pdf

国連教育科学文化機関（1945）『ユネスコ憲章』日本ユネスコ国内委員会ウェブサイト，
http://www.mext.go.jp/unesco/009/001.htm

中央教育審議会『我が国の高等教育の将来像』（2005）
http://www.mext.go.jp/b_menu/shingi/chukyo/chukyo0/toushin/05013101.htm

中央教育審議会（2015）『新しい時代の教育や地方創生の実現に向けた学校と地域の連携・協働の在り方と今後の推進方策について』
http://www.mext.go.jp/b_menu/shingi/chukyo/chukyo3/siryo/attach/1365986.htm

中央教育審議会（2016）『次期学習指導要領等に向けたこれまでの審議のまとめ』
http://www.mext.go.jp/component/b_menu/shingi/toushin/__icsFiles/afieldfile/2016/09/09/1377021_1_1_11_1.pdf

中央教育審議会（2017）『2030 年の社会と子どもたちの未来』
http://www.mext.go.jp/b_menu/shingi/chukyo/chukyo3/siryo/attach/1364310.htm

日本学術会議（2011）『我が国の医学教育はいかにあるべきか』
http://www.scj.go.jp/ja/info/kohyo/pdf/kohyo-21-t130-1.pdf

福岡敏行（2002）『コンセプトマップ活用ガイド』東洋館出版社

牧田英明（2004）「新しい学びの世界へ誘う」福井大学教育地域科学部附属中学校研究会『中学校を創る』東洋館出版社

UNIT 02

持続可能性のための協力と教育

AL　ピラミッド・ランキング

新堀　春輔

持続可能性のための協力と教育

1　持続可能な社会づくりへの教育と SDGs

i　持続可能な社会づくりへの国際的な動き

「持続可能な社会づくり」における教育の果たす役割の重要性についての認識は EfS（Education for Sustainability；持続可能性のための教育）や ESD（Education for Sustainable Development；持続可能な開発のための教育）というキーワードで 1990 年代から広がった。とくに，国連においては 2005 年から 2014 年の 10 年が DESD（Decade of Education for Sustainable Development；持続可能な開発のための教育の 10 年）と位置づけられ，その普及と発展が図られた。これと並行する形で，2000 年から 2015 年には，世界のさまざまな問題の解決に向けて取り組む 8 つの目標からなる MDGs（Millennium Development Goals；ミレニアム開発目標）が推進された。この後，2015 年 9 月の国連総会において「我々の世界を変革する：持続可能な 2030 アジェンダ」("Transforming our world : the 2030 Agenda for Sustainable Development") が採択され，2016 年から 2030 年の期間に取り組む新たな目標として，SDGs（Sustainable Development Goals；持続可能な開発目標）が合意され，世界的にこの目標に向かった取り組みが進められつつある。

MDGs から SDGs への流れの中で特筆すべきことは，MDGs がいわゆる途上国における貧困や保健衛生，基礎教育などの課題の解決を主な目標としていたのに対し，SDGs は，途上国だけでなく先進国を含めた全ての国で取り組む目標となっていることである。この背景には，それ

それの成り立ちが大きく影響している。MDGsは国連の専門家主導で策定されたものであるのに対し，SDGsは国連加盟国による8回に及ぶ政府間の交渉の上にNGO（Non-Governmental Organization；非政府組織）をはじめとしたさまざまなステークホルダーや研究者も議論に参加して策定され，誰一人取り残さない（No one will be left behind）ことを理念としている[1]。結果として，MDGsが8つのゴールと21のターゲットであったのに対し，SDGsでは貧困や保健衛生，気候変動から，生産や消費の在り方，公正な社会づくりまでを含めた17のゴールと169のターゲットという多岐にわたる目標が策定された。これらの多岐にわたる目標は，決してばらばらに決められたものではなく，相互に関連しあった包括的な目標となっている。

　整理すると，SDGsに取り組む上で意識したい大切なポイントは，特定の課題を持つ国や人を対象としているものではなく，全ての人，国にとっての目標であり，誰一人取り残さない社会を実現するための目標であること，17の目標は相互に関連しており，目標のつまみ食いをすることなく，包括的に取り組む必要があること（さまざまな課題を俯瞰的に見て統合的なアプローチをすることがより望ましい成果を生み出す），そして国際機関や政府などから発信するいわゆる「縦割り型」の目標ではなく，民間企業やNGO，市民社会を巻き込んだ「全員参加型」の目標である，ということである。

ii　ESDとSDGs

　ESDとSDGsの関連性を考えると，ゴール4「質の高い教育」の中でESDの重要性について言及（ターゲット4.7）されているにとどまらず，SDGsが相互に関連する問題を包括的・俯瞰的に見る必要がある（そのような力をつける必要がある）ことや，全員参加型であり全ての人々が関心を持ち関わる必要があるということから，SDGsの全ての目標の達成にESDが重要な役割を果たしているといえる。あわせて，時期は前後するが2012年にブラジルのリオデジャネイロで行われた国連持続可能な開発会議（リオ＋20）の成果文書である「我々が望む未来

(The Future We Want)」において，加盟国は「ESDを促進すること及びDESD以後も持続可能な開発をより積極的に教育に統合していくことを決意すること」に合意した。この合意に応じる形で，DESDのフォローアップであると同時にポスト2015年アジェンダ

図表1｜SDGsのロゴマーク（国際連合広報センターウェブサイト[3]）

（持続可能な2030アジェンダ，SDGs）への具体的かつ明確な貢献を行うためのESDに関するグローバル・アクション・プログラム（GAP: Global Action Programme on Education for Sustainable Development）が2013年のユネスコ総会で採択され，2014年の国連総会で承認されている[2]。

目標1	あらゆる場所のあらゆる形態の貧困を終わらせる
目標2	飢餓を終わらせ，食料安全保障及び栄養改善を実現し，持続可能な農業を促進する
目標3	あらゆる年齢のすべての人々の健康的な生活を確保し，福祉を促進する
目標4	すべての人に包摂的かつ公正な質の高い教育を確保し，生涯学習の機会を促進する
目標5	ジェンダー平等を達成し，すべての女性及び女児の能力強化を行う
目標6	すべての人々の水と衛生の利用可能性と持続可能な管理を確保する
目標7	すべての人々の，安価かつ信頼できる持続可能な近代的エネルギーへのアクセスを確保する
目標8	包摂的かつ持続可能な経済成長及びすべての人々の完全かつ生産的な雇用と働きがいのある人間らしい雇用（ディーセント・ワーク）を促進する
目標9	強靭（レジリエント）なインフラ構築，包摂的かつ持続可能な産業化の促進及びイノベーションの推進を図る
目標10	各国内及び各国間の不平等を是正する
目標11	包摂的で安全かつ強靭（レジリエント）で持続可能な都市及び人間居住を実現する
目標12	持続可能な生産消費形態を確保する
目標13	気候変動及びその影響を軽減するための緊急対策を講じる
目標14	持続可能な開発のために海洋・海洋資源を保全し，持続可能な形で利用する
目標15	陸域生態系の保護，回復，持続可能な利用の推進，持続可能な森林の経営，砂漠化への対処，ならびに土地の劣化の阻止・回復及び生物多様性の損失を阻止する
目標16	持続可能な開発のための平和で包摂的な社会を促進し，すべての人々に司法へのアクセスを提供し，あらゆるレベルにおいて効果的で説明責任のある包摂的な制度を構築する
目標17	持続可能な開発のための実施手段を強化し，グローバル・パートナーシップを活性化する

図表2｜SDGsの17の目標一覧（「我々の世界を変革する：持続可能な開発のための2030アジェンダ」（外務省仮訳）外務省ウェブサイト[4]）

4.1	2030年までに，すべての子供が男女の区別なく，適切かつ効果的な学習成果をもたらす，無償かつ公正で質の高い初等教育及び中等教育を修了できるようにする
4.2	2030年までに，すべての子供が男女の区別なく，質の高い乳幼児の発達・ケア及び就学前教育にアクセスすることにより，初等教育を受ける準備が整うようにする
4.3	2030年までに，すべての人々が男女の区別なく，手の届く質の高い技術教育・職業教育及び大学を含む高等教育への平等なアクセスを得られるようにする
4.4	2030年までに，技術的・職業的スキルなど，雇用，働きがいのある人間らしい仕事及び起業に必要な技能を備えた若者と成人の割合を大幅に増加させる
4.5	2030年までに，教育におけるジェンダー格差をなくし，障害者，先住民及び脆弱な立場にある子供など，脆弱層があらゆるレベルの教育や職業訓練に平等にアクセスできるようにする
4.6	2030年までに，すべての若者及び大多数（男女ともに）の成人が，読み書き能力及び基本的計算能力を身につけられるようにする
4.7	2030年までに，持続可能な開発のための教育及び持続可能なライフスタイル，人権，男女の平等，平和及び非暴力的文化の推進，グローバル・シチズンシップ，文化多様性と文化の持続可能な開発への貢献の理解の教育を通して，全ての学習者が，持続可能な開発を促進するために必要な知識及び技能を習得できるようにする

図表3｜SDGsの目標とターゲット（目標4のみ，抜粋）（「我々の世界を変革する：持続可能な開発のための2030アジェンダ」（外務省仮訳） 外務省ウェブサイト[4]）

2 国際的な協力とESD，SDGs

　1990年代から広がりはじめたESDは，とくに国連において2005年から2014年の10年がDESD（持続可能な開発のための教育の10年）と位置づけられ，さらにはSDGsやGAPといった流れが生まれるなかで，今後さらにその果たす役割の増大が期待される。ここでは国際的な協力とESDとの関連について整理をしておきたい。

　そもそもESDという言葉が使われ出すよりも以前から，国際協力に関わる機関やNGO等の団体によって国際的な課題についての理解を得たり，人々の意識を高めたりすることを目的とした教育（啓発）活動は実施されていた。国際的な課題を考える教育には大きく分けて，「国際理解教育」と「開発教育」の2つがあり，それぞれに進められてきた。

i 国際理解教育

　国際理解教育は，第二次世界大戦後，ユネスコが，国際社会の相互理解の不足が戦争の原因になったとして，他国や多文化の理解を進める

ために推進してきた教育である。南北問題や地球環境問題が深刻化した1970年代には，相互依存関係や人類共通の課題の認識が強調され，「国際理解，国際協力及び国際平和のための教育並びに人権及び基本的自由についての教育に関する勧告」（1974年ユネスコ「国際教育」勧告）が採択された。冷戦終結後，民族紛争が激化し，大量の難民が発生した1990年代には，平和・人権・民主主義のための教育の必要性が強調され，「平和・人権・民主主義のための教育に関する包括的行動計画」が作成されるなど，時代や社会背景の変化に合わせ，取り扱う課題は変化してきた。

ii 開発教育

これに対し，開発教育は，開発途上国における貧困の解決をめざして活動を行なっていた国際NGOやキリスト教系の団体によって，1960年代に西欧や北米などを中心にはじめられた教育活動であり，国際協力を行なう国際機関や国際NGOによって，アジア・アフリカといった「南」と呼ばれた国々に対する援助・協力活動の理解・支援を得ることを目的にはじめられた。

その後，1970年代に入ると，近代化のための開発途上国援助を行なうだけでは開発途上国内の格差の助長につながることや，開発途上国の先進国依存を進めてしまうことが明らかになった。こうした事実から，開発途上国の状況が改善されないのは，その背景に先進国との間の「支配－被支配」の構造があり，「搾取－被搾取」という歴史的構造のもとで一方の開発が他方の低開発をつくり出しているという「従属理論」が国連を中心とした国際的な議論の場で提唱されることとなった[5]。

これらを経て，1980年代以後の開発教育は，「南」で起きている飢餓や貧困などの問題の原因やその解決は，その国での自助努力だけでなく，「北」の国々にも大きな責任と役割があることを理解し，先進国に住む一人一人が行動することを進めていく教育活動として，西欧や北米の開発NGOの国内活動の大きな柱として進められていくこととなった。また，1990年以降，地球規模の課題の相互関連性が広く認識されるよう

になり，単に南北の貧困問題だけを取り扱うものではなく，開発，環境，人権，平和といった課題との関係を問いながら行われるようになっている[6]。

iii さまざまな教育を包括する ESD

ここまで整理をしてくると，それぞれがはじまった経緯やその背景，主に推進して来た機関・団体の違いはあるものの，国際理解教育も開発教育もめざすものやテーマとして取り扱う分野は大きく異なるものではなく，さらにはその他にも「環境教育」や「人権教育」といったこれまでに進められて来たさまざまな教育活動も同じように，「持続可能」という共通するキーワードによって，ESD をこれらの教育を包括するものとして位置づけることができる。つまり，貧困の撲滅や平和の構築等を含む国際的な課題解決への取り組みや，それに取り組む国際協力への理解を深めること，さらには国内外におけるさまざまな問題の関連性やSDGs 全体について学ぶこと自体が ESD の一つの形態ということができる。

3 国内における協力と ESD，SDGs

国内における持続可能な社会の実現に向けた動きも少しずつ加速を見せている。これまで，社会問題の解決は政府機関や NGO が担うもので，企業はその NGO などによる取り組みを支援したり，社会貢献活動を通じて，協力したりするものというイメージもあったが，SDGs や同じく2015 年に採択されたパリ協定を受けて，政府機関や国際協力や環境問題に取り組む NGO はもちろん，企業やさまざまな社会の担い手が協力して社会問題に取り組んでいこうという動きが進み出している。

とくに大きな変化としては企業が事業全体で SDGs を意識した取り組みを積極的に行うようになってきたことが挙げられる。これは気候変動をはじめとし，さまざまな環境問題や途上国での貧困問題などの社会問題に取り組むこと自体が，企業の持続的成長の実現に不可欠である

との認識の広がりによるものといえる。また，長期的に企業が成長し，利益を上げることができるかどうかを投資家が判断するために，ESG（Environment: 環境，Social: 社会，Governance: ガバナンス・企業統治）の取り組みを評価し，投資するという動きが，企業のこのような取り組みを後押ししている。また，自治体においても SDGs への取り組みが推進されており，2018 年 6 月には持続可能なまちづくりを推進する 29の「SDGs 未来都市」と，そのなかでもとくに先駆的な 10 の「自治体 SDGs モデル事業」が選定され，国からの補助金を受けてそれらの取り組みを進めている。

　このように，SDGs 達成への担い手として，政府や NGO だけでなく，多くの企業や自治体などの多様な主体が参加しはじめており，それらの連携による取り組みの推進が期待され，地域レベルにおいても多様な主体の連携強化や協働推進のためのプラットフォームが発足している。また，ESD の推進においても，全国及び地方 ESD 活動支援センターと，地域における ESD 活動の実践・推進団体やその協議会・コンソーシアムによる地域 ESD 活動推進拠点（2018 年 12 月末時点で 67 件が登録[7]）がネットワークを形成し，地域における取り組みを核としつつ，多様な主体の連携による取り組みが進められてきている。一方で，一般市民の SDGs に関する認知度はまだ十分とはいえず（認知度の調査[8]によると 15％程度にとどまるとされる），国内における取り組みのさらなる推進のためにはその向上も課題となっている。

④ SDGs と具体的なアクション

　SDGs の 17 の目標のなかには，前述のように国内での取り組みが進む一方で，日本で生活をしているとなかなか意識が向きにくいものもある。SDGs に向けての具体的なアクションを考えるときに，自分自身が直接的に普段の生活で取り組めることは何かという視点のみならず，日本の NGO をはじめ，国際機関などが世界中で取り組んでいる問題について知り，それを応援する方法を考えるというのも立派な国際協力の一

つの参加の方法であり，SDGs の達成に向けた取り組みとなり得る。た
とえばアフリカ諸国における環境問題や保健衛生の問題に直接取り組む
ことは難しくとも，アフリカで環境保全の活動をしている NGO や，保
健衛生の向上に向けた活動をしている NGO について知り，そのような
取り組みがあることを他の人に広げたり，国内でのボランティアや寄付
といった形で参加したりすることは，その取り組みに間接的に関わるこ
とにつながる。SDGs への具体的なアクションを考える際には，SDGs
が多岐にわたる目標であるとともに互いに関連し合う包括的なものであ
るということを念頭に置いて，家庭内・学校内・地域内，国内・国外，
短期的・長期的，直接的・間接的等といったさまざまな視点で考えるこ
とが大切である。

アクティブ・ラーニングとしてのピラミッド・ランキング

　SDGs の 17 の目標は，相互に関連する問題であり，包括的に取り組
む必要があることは前述した通りだが，実際には，17 の目標を全て意
識しながら行動を起こすことは難しく，具体的な取り組みにつなげるた
めには「切り口」となる目標を決めるほうが容易となる（結果的にその「切
り口」から他の目標もつながることになる）。そこで，17 の目標自体に
優劣があるものではないが，あえてその優先順位を考える活動を通じて，
全体像を見つめ，それぞれの関連性についての理解を深めることや，自
身にとって重要だと考える目標を選び，具体的な活動につなげるきっか
けとすることができる。

i　ダイヤモンド・ランキングとピラミッドランキング

　ピラミッド・ランキングは，多くの選択肢の中から，（自分たちにとっ
て）より重要なものや関わりの深いものを拾い上げるのに適した活動
である。SDGs の 17 の目標を，全体として重要なゴールという視点と，

02　持続可能性のための協力と教育　|　29

自分たちが取り組むことができるゴールという視点から，各ゴールを位置づけることで，自分たちが取り組めることを見出すだけでなく，グローバルな持続可能性を考えるときに，何が重要なのかについても考えを拡げることができる。

優先順位を考えるランキングの方法としては，ピラミッド・ランキングの他にもダイヤモンド・ランキングがある。前者が順位をつける個々の項目を肯定的なものととらえ，否定的な要素をできるだけ持ち込まないものであるのに対し，後者は積極的にマイナスの優先順位もつけ，負の側面にも配

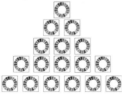

図表4｜ロゴマークカードとピラミッド・ランキングのイメージ
（筆者作成。ロゴマークは国際連合広報センターウェブサイトより。）

図表5｜実施のようす（筆者撮影）

慮する手法である。ここではSDGsの17のゴールが互いに関連しあうものであり，相互補完的であることからも，積極的にマイナスの優先順位を考えるダイヤモンド・ランキングではなくピラミッド・ランキングを用いる（ダイヤモンド・ランキングの詳しい手法については第12章を参照）。

● テーマ：「SDGsの17のゴールで私（たち）が重視するもの」
用意するもの

①SDGsの17のゴールのロゴマークを切り取りカードにしたもの（17のゴールのカードを使うことを基本とするが，対象や実施時間に合わせてあらかじめ使用するカードを選んでおくことも可）。

②ピラミッド型が書かれた用紙（17 のゴールでピラミッドをつくる ために，上段から 1・2・3・5・6 枠としている）

時間：90 分

進め方

STEP 0 　導入：SDGs とは何か，17 のゴールについての概要を知る。 **15 分**

　　　　SDGs とその 17 のゴールについての説明（事前学習とする こともできる），ピラミッド・ランキングの実施方法の説明と 準備。

STEP 1 　個人ワーク：各自のランキング。**10 分**

　　　　全体としてより重要だと考えるゴールや，学校や地域におい て自分たちが取り組むことができる（優先的に取り組むべき） ゴールをより上位に位置づけ，並び替えていく。この際，とく に上位のものについて選択した理由を説明できるようにする ことが重要である。

STEP 2 　個人ワークの共有：4 〜 6 名程度のグループで，各自のラン キング及びその理由についての共有。**10 分**

STEP 3 　グループワーク：4 〜 6 名程度のグループで，一つのランキ ングをつくる。（グループでの合意形成を得ながら作成）**15 分**

　　　　個人でのランキングを考えたのちに，グループでのランキン グを考えるという 2 段階で実施することが望ましい。このプロ セスにより，個人の考えの整理を踏まえ，グループでの合意形 成の流れに移ることができ，個々人での考え方，つまりは価値 観の多様性をより感じることができ，議論も深まる。

STEP 4 　各グループのランキングの共有（理由と合わせて）。**10 分**

STEP 5 　グループワーク：個人及びグループ，他のグループのランキ ングを踏まえて，気づいたことや個人や家族・学校等で取り組 めそうなアクションについて意見交換。**15 分**

STEP 6 　全体でのふりかえり：グループワークで意見交換した内容を 全体に共有しながらふりかえりと全体のまとめ。**15 分**

02　持続可能性のための協力と教育 ｜　31

グループで合意したピラミッド・ランキングを示しながら，他のグループより上位に位置づけた理由や，グループワークの中で感じたこと・発見したことを発表し，クラス全体での共有を行う。

留意点

17 のゴールのロゴマークをピラミッド型のシートに並べていくというシンプルな活動ではあるが，思考を深め，議論を深めるためにはそれぞれのゴールが何をめざし，どのようなことをターゲットにしているのかを必然的に考える必要がある。そのため，事前の学習（17 のゴールと 169 のターゲット）または，必要に応じて参照できる資料の準備が必要となる。実施対象によっては言葉の定義の確認も必要になるであろう。子ども・若者向けに SDGs を紹介するために作成されたハンドブック『私たちが目指す世界　子どものための「持続可能な開発目標」〜2030 年までの 17 のグローバル目標〜』（公益社団法人セーブ・ザ・チルドレン・ジャパンが，NGO や国際機関 9 団体と日本語版を製作[9]。ウェブサイトよりダウンロード可能）や外務省が翻訳している「我々の世界を変革する：持続可能な開発のための 2030 アジェンダ」（外務省ウェブサイトよりダウンロード可能）などが活用できる。

▶ この学習で得られるもの

このピラミッド・ランキングの活動を通じて，個人の考えを整理し説明するスキルの向上や，グループとしての結論を導き出す過程における合意形成のスキルの向上が期待される。さらには，「模範解答のないもの」に個人またはグループにおいて「あえて」優先順位をつけるというプロセスを通じて，思考を深め，全体像を見つめることにつながる。これにより「自分ごと」になりづらいグローバルな問題について，複雑に絡み合うさまざまな課題を俯瞰しつつ，グローバルな社会の中での持続可能性についての考えを整理し，それらと自分自身の生活のつながりを見出し，さまざまな視点から自分自身が取り組むことができることの発見につながる。

■注記

1) 外務省ウェブサイト

(https://www.mofa.go.jp/mofaj/press/pr/wakaru/topics/vol134/index.html, last visited, 29, October 2018)

2) 文部科学省ウェブサイト

(http://www.mext.go.jp/unesco/004/1345280.htm, last visited, 29, October 2018)

3) 国際連合広報センターウェブサイト

(http://www.unic.or.jp/activities/economic_social_development/sustainable_development/2030agenda/, last visited, 29, October 2018)

4) 外務省ウェブサイト

「我々の世界を変革する：持続可能な開発のための 2030 アジェンダ」（外務省仮訳）

(https://www.mofa.go.jp/mofaj/files/000101402.pdf, last visited, 29, October 2018)

5) 木村裕「開発教育研究から学校教育を問い直す」, 井上有一・今村光章編 (2012)『環境教育学　社会的公正と存在の豊かさを求めて』法律文化社, p.58

6) 湯本浩之「開発教育と持続可能な開発のための教育」,（特活）開発教育協会内 ESD 開発教育カリキュラム研究会編 (2010)『開発教育で実践する ESD カリキュラム』学文社, pp.3-9

7) ESD 活動支援センターウェブサイト

(https://esdcenter.jp/, last visited, 11, January 2019)

8) 朝日新聞社「SDGs 認知度調査第 3 回報告」(2018 年 9 月) によると認知度は全体で 14%, 株式会社電通の調査 (2018 年 4 月) によると同 14.8%

(https://miraimedia.asahi.com/sdgs2030/sdgs_survey03/, last visited, 4, January 2019) (http://www.dentsu.co.jp/news/release/2018/0404-009518.html, last visited, 4, January 2019)

9) 公益社団法人セーブ・ザ・チルドレン・ジャパン他 (2015)『私たちが目指す世界　子どものための「持続可能な開発目標」～ 2030 年までの 17 のグローバル目標～』原作はラテンアメリカの NGO により作成された The Global Movement for Children of Latin America and Caribbean (MMI-LAC) (2014), "The World We Want – A Young Person's Guide to the Global Goals for Sustainable Development"
日本語版ハンドブックはセーブ・ザ・チルドレン・ジャパンのウェブサイト

(http://www.savechildren.or.jp/lp/sdgs/, last visited, 29, October 2018)

UNIT 03 人類の生存と生態的・社会的な持続可能性

AL　タイムライン

松重　摩耶, 上月　康則

人類の生存と生態的・社会的な持続可能性

1 持続可能な開発目標 (SDGs)

　人類の生存は，生態的・社会的な持続可能性があってこそ成り立つ。ところが現代，人間の営みによってその持続可能性は脅かされている。人類が今後も持続可能な生活を営むためには，これまでの行動を改める必要がある。この行動の指針となるものが持続可能な開発目標 (SDGs: Sustainable Development Goals) である。SDGs は 17 の目標と 169 のターゲットから構成されており，2015 年 9 月の「持続可能な開発サミット」で策定され，国連加盟国の全 193 か国の賛成によって採択された。これによって，2016 年〜 2030 年の 15 年間で国，企業，個人のあらゆる主体が協力して，貧困や経済格差，地球温暖化などの SDGs の目標達成に取り組むこととなった。

2 持続可能性の危機が迫っている

　1972 年にメドウズらによって発表された『成長の限界』では，「このまま人口増加や環境汚染などの傾向が続けば，100 年以内に地球と人類は限界に達する」と警告が促されていた。しかし『成長の限界』発表から 50 年の間に，私たちは何か具体的な対策を行えたであろうか。エコロジカル・フットプリント[1] と呼ばれる地球への負荷の大きさをはかる指標を使うと，現在の人類全体の生活を支えるためには地球 1.7 個分の資源が必要であり，もし日本人と同じ生活を世界中の人がした場合には地球 2.9 個分が必要となることがわかっている（WWF 2017）。このよ

うにすでに地球は限界をこえているにも関わらず私たちが生活できているのは，未来世代の地球資源の貯蓄を前借りして使っているからである。しかし，このような負荷を地球にかけ続けて，未来世代は私たちと同じような暮らしができるだろうか。

　こうした生態的・社会的な持続可能性の問題を解決していくために，私たちは，地球の資源は有限であり，閉じた地球のなかで循環していることに配慮した生活サイクルに変えてく必要がある。エコロジー学者であるハーマン・デイリーはそのための３原則を「再生可能な資源」「再生不可能な資源」「自然界の吸収量」の観点から提示している。(図表1)

---

i)　再生可能な資源(森林や水産資源，土壌，水など)の消費速度は，その資源の再生速度をこえてはならない。

ii)　再生不可能な資源（化石燃料や鉱石など）の利用速度は，それに代わる再生可能な資源への変換速度をこえてはならない。

iii)　汚染物質(硫黄酸化物や窒素酸化物など)の排出速度は，それを自然界が安全に吸収，循環，無害化できる速度をこえてはならない。

図表1 | ハーマン・デイリーの持続可能な発展の3原則（メドウズら　2005：67-68〔一部修正加筆〕）

　これまでの環境問題を振り返ると，多くの社会経済活動がこの原則に反していたことがわかる。たとえば太平洋クロマグロは，繁殖するスピードをこえて産卵前の幼魚まで人間が獲り尽くしてしまったために絶滅危惧種に指定されるまでに至っている。これは（ⅰ）再生可能な資源の原則に反する。また，石油や石炭などの（ⅱ）再生不可能な資源は有限であるにも関わらずその消費速度は年々増加し，このままでは近い将来それらの資源は枯渇する。その前に，風力発電や太陽光発電等の再生可能なエネルギーの開発を行い，エネルギー利用の持続可能性を確かなものにしていかなければいけない。さらに，生活排水中の栄養塩を大量に海に流してしまったために生じる赤潮や青潮は，（ⅲ）自然に吸収，浄化，無害化，循環されるスピードをこえて物質を排出した事例の一つである。

　つまり，「閉じられた地球のなかで有限なものが無限になったり，なくなったりすることはない」のであるが，人はそれを忘れたかのように

社会経済活動を送っている。

▶ 認識できない原因

　その原因の一つには，人は社会や環境の変化を的確に"認識できない"ことがある。メドウズら（2005）は自然環境の要素間には「遅れがあること」，「直線的ではない関係があること」などがあると述べている。前者の例では，フロンガスが大気中に排出されてから成層圏のオゾン層を破壊し，地球温暖化や酸性雨によって人間の健康や食料供給に影響がではじめるまでには数十年かかるために，その問題の深刻さに気づかない。

　さらに，私たちは自分たちの生活はさまざまな自然の恵みによって成り立っていることについても十分に認識できていない。自然の恵みを経済価値に算出した「生態系サービス」（図表2）によると，陸域をベースとしたものだけでも毎年約50億ユーロ（約6650億円）の価値が失われている（EC 2008：35）と算定されているがその実感はない。生活や感覚の面でも私たちは，昔に比べて自然環境の変化を感じにくくなっており，今後的確に環境の変化や価値が認識できるようになるためには，次節③で示すようなことを一人一人が意識して行動していく必要がある。

供給サービス	調整サービス	文化的サービス
食料，淡水，木材及び繊維，燃料，その他	気候調整，洪水制御，疾病制御，水の浄化，その他	審美的，精神的，教育的，レクリエーション的，その他
基盤サービス		
栄養塩の循環，土壌形成，一次生産，その他		

図表2｜生態系サービスの種類と分類（東京商工会議所 2006）

　二つ目の原因には，私たちが経済的な豊かさを追い求めすぎてしまったことがある。ここで「本当に経済の豊かさを追求することだけが私たちの未来の幸せにつながるのであろうか？」ということについて考えてみたい。社会の幸福を表す「社会進歩指数（SPI：Social Progress Index）」[2]と「一人当たりの国内総生産（GDP：Gross Domestic Product）」との関係（Poter,E.M.,et al. 2016：19）を図表3に示す。この図表からは，経済的豊かさを示す GDP が増しても，あるところを境に幸福を示す SPI

はそれほどに高まらなくなることがわかる。多くの先進国では、経済成長だけで幸福を高める時期は終わっており、その他の社会的、環境的な要素に配慮し、生活をしなくては、これ以上幸福を高めることはできないのである。

　ここで、図表3の値をよくみると同じGDPとSPIの値であっても各国にバラつきがみられるが、これは経済と幸福以外の要素が関係しているということを示唆している。この要素のなかにこれまで述べてきた環境の豊かさも含まれており、「認識しづらい」ものを認識できている国との違いなのではないか。このグラフは非常に示唆に富んだものであるのでみなさんもそれぞれで考察してみてはどうだろうか。

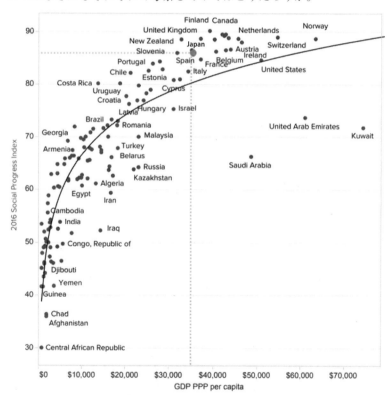

図表3｜社会進歩指数（SPI）と国内総生産(GDP)の関係　（Poter,E.M.,et al. 2016:19）
　　　※Japanを加筆：2016年SPI 86.54, 2011年GDP 35,635ドル（Michael,P,et al. 2016:17,136）

③ 持続可能性を確保するために一人一人に必要な3つの観点

ハーマン・デイリーの3原則に照らし合わせても生態的・社会的に持続可能にするためには，現在の社会システムの変革は必須である。ただし，社会システムの変革を待たずとも私たち一人一人が「認識しづらい」ことを「認識しやすくする」ことで持続可能性は高まる。そのためのポイントとなる考え方を3つ述べておく。

 観点1　自分と社会や環境の関連性を考える

私たちの生活は，自然の恵みや人間同士の相互関係で成り立っている。一見関係ないと思えることでも，実は自然の恩恵を享受していることは多い。さらに物事が複雑かつ，グローバルに作用する時代には，1か所で問題を取り除いても，別の所に影響をおよぼし，問題を発生させていることがある。私たちは，そういった影響も見逃さない広い視野を持ち，関連性やつながりについても考えていく必要がある。

 観点2　時間的，空間的な視野の広がりで考える

メドウズら（1972：4）によると，人がものを考えるときの視野は時間軸と空間軸で表された図中（図表4）のどこかにあるとされている。

多くの人は，図表4左下の自分や家族，今日や来週といった視点から物事を考えはじめる。ただし，観点1の関連性を考えるということは図の上側にまで視野を広げて考えることである。

また，自然環境の要素間

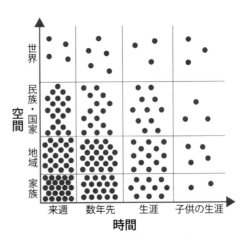

図表4｜人間の視野（メドウズら　1972：4）

に「遅れがあること」を認識するためには，図の右側から物事を見なければならない。

このように持続可能性を高めるためには，空間的にも時間的にも広い視野から物事を考え行動する必要があることがわかる。

 観点❸　明確な目標をもちバックキャスティングで考える

図表5の右側の視点（未来）から考えることをバックキャスティング，左側の視点（現在）から考えることをフォアキャスティングという。図表5に示すように，フォアキャスティングの場合，過去の経験により「変わらない理由」に絡まれてしまう可能性がある。バックキャスティングではあるべき未来像のために，今何ができるかを考えて行動計画を作成できる。この考えにもとづくものがまさにSDGsである。SDGsでは2030年までに達成したい目標が世界共通で明確に定められているが，目標達成のための道のりには決められたものはない。それぞれが置かれた属性や状況によって，道のりを主体的に考え行動する。それゆえ，地球上の全ての人がさまざまな方法で参加でき，またその対象にもなりえる。

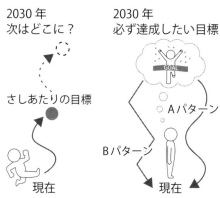

図表5｜フォアキャスティングとバックキャスティングの考え方　（能條（2017：51）を参考に著者作成）

タイムラインを活用して持続可能性を認識する

1 タイムラインの意義と特徴

　タイムラインは過去のできごとの確認や，未来の変化の予測，ビジョンを描くときに用いられる。タイムラインの特徴は，①過去・現在・未来の時間的な連続性を認識できること，②よい未来，悪い未来の分岐点を把握することができることにある。

　タイムラインを使った手法に定まった決まりはなく，線上に時間の経過とともにできごとを記入していき，①や②の特徴を見出せばよい。線上に絵，写真，図などでできごとを表すと，より豊かで具体的なタイムラインをつくり出すことができる。またタイムラインの特徴①や②は，前節で述べた観点１〜観点３を考えるために好都合であり，たとえばSDGsをバックキャスティングで考えるにも適している。ここでアクティブラーニングとしてタイムラインを用いた二つのアクティビティを紹介する。なお，これらのアクティビティは特定非営利活動法人開発教育協会（2003：38-39）のタイムラインを参考に考案したものである。さらに，グループでの取り組みにおいて互恵的な関係と個人の責任を明確にし，学びを高めるコツを合わせて紹介する。このコツは（＊）表記があるSTEPで有効である。

2 アクティビティ A「自分の未来〜 SDGs との関係〜」

準備しておくもの

　①タイムライン用紙（A4 用紙：1 人 1 枚），②水性サインペン（人数分），③SDGs 一覧表 3)（班で 1 枚），④SDGs のアイコンカード 3)：目標のアイコンを 1 枚ずつ切り離したもの（1 人 1 セット），⑤付箋

目標

- 自分の未来をバックキャスティングで考え，伝えることができる。
- 自分の未来とSDGsの関係を説明することができる。

進め方（所要時間：40分）

STEP 0 あらかじめ本章の前節の①と③を読んでおく。

STEP 1 タイムライン用紙(図表6)を作成する。線の左端に現在の年，右端に2030年と記載し間に等間隔で年号を打つ。

STEP 2 2030年の自分の未来のビジョンを書く。それを実現するためには，どのような行動を行えばよいのか，思いつく限り書き出す。このとき，「今の能力で何ができるか」と考えるフォアキャスティングではなく，「ビジョンを必ず達成するためにはどのような行動が必要か」とバックキャスティングで考える。

STEP 3＊ グループメンバーに自身のタイムラインを紹介する。

STEP 4 自分の生活や行動に，関係ありそうなSDGsのアイコンを置いていく。多少に関わらず，間接的にでも関係がありそうなことであれば，どんどん置いていく。その結果，タイムライン上に置かれたSDGsが，あなたが関わりのある，また貢献可能なゴールである（図表7）。

STEP 5＊ グループメンバーに自身のタイムラインとSDGsの関連を紹介する。

STEP 6＊ 「アクティビティをやった気づき」「バックキャスティングの有効性」などについて，まずは個人で付箋に気づいたことを書いていき，後にグループメンバーと意見を共有する。

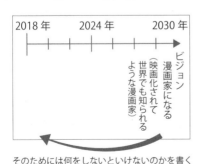

図表6｜タイムラインの例

図表7｜アクティビティA

③ アクティビティ B「私たちの未来〜持続可能性の観点から〜」

準備しておくもの

①タイムライン用紙（A2 程度の模造紙を班で 1 枚），②水性サインペン（人数分），③SDGs のアイコンカード[3]：目標のアイコンを 1 枚ずつ切り離したもの（班で 1 セット），④付箋，⑤ネット検索ができる環境

目標

■ 2030 年以降も持続可能な社会であるためにはどうすればよいのかについて，自分の意見を述べることができる。

進め方（所要時間：45 分）

STEP 0　あらかじめ本章のハーマン・デイリーの 3 原則や生態系サービスの例を読んでおき，タイムラインづくりに活かせるようにする。

STEP 1*　議論の中心となるテーマを決め，そのテーマが 2030 年になったときに「もっともよい未来の状態」と「もっとも悪い未来の状態」をまずは一人で考え付箋に記載する。その後グループメンバーで話し合い，タイムライン用紙（図表 8）に未来像を記入する。

STEP 2*　一人一人が，よい未来，悪い未来になるまでのシナリオに必要な要素を付箋に箇条書きにして書き出し，現在から 2030 年までの間の適当な場所に置いていく。このとき，ネット検索や参考図書を利用し，より多くの事象を抽出し，その正確性などもチェックする。さらにハーマン・デイリーの 3 原則や生態系サービスの視点から意見を述べられるとよい。

STEP 3*　グループで分岐点となる要素を決める。どのような要素がよい未来と悪い未来になる分岐点になるのかを考えて付箋を配置する（図表 9）。

STEP 4*　「持続可能な社会をつくるために必要な法制度や活動は何か」についてグループとしての意見を一つ提示する。

STEP 5* 班ごとにタイムラインの内容を発表し，他班と共有する。

STEP 6* 「持続可能な社会づくりのために，今日から自分でできること」，「グループワークで気づいたこと」をまずは個人で付箋に書いていき，後にグループメンバーと意見を共有する。

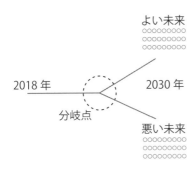

図表8｜タイムラインの例　　図表9｜アクティビティB

4　学びを高めるコツ（多様性，個人思考，集団思考に配慮する）

1　グループメンバーは多様性を重視，2〜4人程度が好ましい

グループのメンバーは所属，経験，趣味，性別などが異なるようにすると，思考に多様性が生まれ，議論が活発になる傾向にある。またグループが5人以上になると，会話に入らない，入れない人がでてきやすくなる傾向にあることにも注意が必要である。

2　グループで話し合う前には，必ず個人で考える時間を設ける

いきなりグループでの議論を行うのではなく，まず個人の考えをまとめ，他人に伝える内容を吟味する時間を設けるとよい。そうすることで，グループでの議論を苦手とする学生も，「安心感」を持って議論に加わることができるようになる。

❸ 個人の責任と活動の平等性のため，グループメンバーに自身のタイムラインを紹介する時間を区切り，残り時間を可視化するとよい

　全員参加を促すために，一人 1 分間は必ず意見を述べる機会をつくる。個人の責任が明確になり，フリーライダー[4]を減らせる可能性がある。この時間は，自分と他者との意見の違いを明確にし，理解する時間にもなる。なお，ホワイトボードにタイマーを表示しておくと，参加者は残り時間を把握し，安心して意見を発表することができる。

　その他，協同学習（ジョンソンら 1998）の条件に配慮することで，協同的な学びも高めることができる。

■注記

1）　エコロジカル・フットプリント（Ecological Footprint）：ある一定の人口あるいは経済活動を維持するための資源消費量を生み出す自然界の生産力，および廃棄物処理に必要とされる自然界の処理吸収能力を算定し，生産可能な土地面積に置き換えて表現する計算ツール（ワケナゲル 2004：34）。

2）　社会進歩指数（Social Progress Index）：基本的な人間のニーズ，福祉の基礎，機会の 3 つの側面から測定。人間開発指数（HDI）や国民総幸福量（GNH）などの幸福指標（Well-being indicators）との違いは，社会進歩指数（SPI）には経済指標が組み込まれていないため，経済発展と社会進歩の関係を説明することができる点にある（Michael,P.,et al. 2016）。

3）　国際連合広報センターウェブサイトにて無償でロゴのダウンロードが可能。

4）　本来「ただ乗りする人」の意味。経済学では公共財について「必要なコストを負担せずに利益だけを受ける人」をいう。

■参考文献

European Community（EC），住友信託銀行他訳（2008）『生態系と生物多様性の経済学』（PDF：http://www.jri.co.jp/MediaLibrary/file/service/special/content5/corner28/teeb/STB_TEEB_081202.pdf,last visited,5,October 2018）

Poter,E.M.,et al.（2016）"SOCIAL PROGRESS INDEX　2016"（PDF: https://www.socialprogress.org/assets/downloads/resources/2016/2016-Social-Progress-Index.pdf, 5, October 2018）

WWF（2015）日本のエコロジカル・フットプリント 2015，地球 1 個分の暮らしの指標

WWF（2017）『日本のエコロジカル・フットプリント　2017　最新版』（PDF：https://www.wwf.or.jp/activities/lib/lpr/20180825_lpr_2017jpn.pdf, last visited, 5, October 2018）

環境省（2007）『環境白書・循環型社会白書』（PDF：http://www.env.go.jp/policy/hakusyo/h19/html/hj07010201.html#1_2_1_1, last visited, 5, October 2018）

国際連合広報センター（2018）（http://www.unic.or.jp/activities/economic_social_development/sustainable_development/2030agenda/sdgs_logo/ ,last visited, 15, September 2018）

ジョンソン,D.W. ほか, 杉江修治訳ほか（1998）『学習の輪—アメリカの協同学習入門』二瓶社

東京商工会議所（2006）『改訂 5 版　環境社会検定試験 eco 検定公式テキスト』日本能率協会マネジメントセンター，p.89

特定非営利活動法人　開発教育協会（2003）『開発教育実践ハンドブック　参加型学習で世界を感じる』, pp.38-39

能條歩（2017）『あなたもできる！環境教育・ESD（自然体験教育ブックレット 2）』, NPO 法人北海道自然体験活動サポートセンター，p.51

メドウズ,H.D. ほか, 大来佐武郎監訳（1972）『成長の限界』ダイアモンド社,p.4

メドウズ,H.D. ほか,枝廣淳子訳（2005）『成長の限界　人類の選択』ダイアモンド社, pp.67-68

ワケナゲル, M. ほか，和田喜彦監訳（2004）『エコロジカル・フットプリント—地球環境持続のための実践プランニング・ツール』合同出版，p.34

UNIT 04

人類と環境の相互関係
AL　ジグソー法

諏訪　哲郎

人類の活動と環境の相互活動の全体像

1　人類の自然条件克服の歩み

　本章では,「人類の活動と環境の相互関係の全体像」の把握をめざす。人類が他の類人猿と異なる進化を遂げることになったのは,約2500万年前にそれまでの樹上生活から草原での生活に移行したのがきっかけといわれている。その後二足歩行によって手の自由度を増した人類の祖先は,さまざまな道具をつくるようになり,脳を発達させていった。さらに火の使用を獲得し,狩猟採集技術を発達させることで,人類はその生息域を寒冷地にまで拡大させていった。つまり,人類はさまざまな技や能力を獲得することで気候環境の制約を克服していった動物といえる。

　人類は1万年ぐらい前から食料の生産を開始した。中東ではじまったムギ栽培はヨーロッパに拡大し,パン食文化を生み出した。一方,東南アジアから中国では稲作文化が発達した。動物を家畜化し,牧畜文化を発達させた地域もある。農牧業の誕生は富の蓄積を可能にし,富を生み出す土地の占有をめぐる争いをもたらした。さらに,人間同士の間に支配・被支配の関係を生み出し,外敵から守るための都市を誕生させ,交易も促進させた。

　このように農牧業という食料の生産を開始した人類は,他の動物とはまったく異なった社会と文化を生み出し,その社会や文化も移動先の地域の自然環境に適応した多彩なものが生まれていった。

② 人類の活動による環境破壊

　農業や牧畜といった人類の食料生産技術の発達は，人口を増大させるとともに，森林や草原の開墾や乾燥地域での灌漑など，本来の生態環境を大きく変貌させることになった。今日の大穀倉地帯の多くは，大森林が伐採されて農耕地に改変されたものである。たとえば，中国東北部にはトウモロコシやコーリャンなどの畑が果てしなく広がっているが，かつては広大な森林だったことが花粉分析などで明らかになっている。

　農牧業の発展は，やがてより広い地域の支配権の確立をめざす国家を誕生させ，民族間の対立に加えて国家間の対立がしばしば戦争を激化させていった。「戦争は最大の環境破壊」といわれる。

　食料の安定的な獲得を実現していった人類は，さらに利便さを追求していった。さまざまな機械をつくってさまざまな物資を大量に生産しはじめた。それを決定づけたのが産業革命で，工業化社会の誕生である。製品をつくる原材料の獲得のために欧米諸国は植民地支配を進め，熱帯林を開墾してプランテーションを拡大していった。

　生物種の宝庫といわれる熱帯の原生林の減少は，生物種減少の大きな要因となっている。今日の生物種の減少は，過去の5回の生物種の「大量絶滅」に匹敵するものといわれている。白亜紀末（約6500万年前）の前回の「大量絶滅」は巨大隕石の落下によってもたらされたもので，大部分の恐竜が絶滅したが，今進行しはじめている「大絶滅」は間違いなく人類の活動に起因するものである。

③ 持続可能性の危機と克服への努力

　工場を稼働させるエネルギーの生産・消費も増大していった。産業革命によって石炭の大量消費がはじまって以来，工業地域では大気汚染が広がった。さらに20世紀半ばのエネルギー革命によって石油や天然ガスの利用が進み，大量生産・大量消費が加速化された。そのような化石燃料の大量消費の結果，今，人類は地球温暖化という大きな脅威にさら

されている。温暖化による海面上昇，台風やハリケーンなどの熱帯低気圧の巨大化，集中豪雨の頻発など，人類の欲望追求の結果が人類の将来を危うくさせはじめている。

さらに人類はもともと地球上に存在していなかったものをつくり出すようになっている。さまざまな化学物質，遺伝子組み換え作物，そして核兵器や原発。

人類は今，生態的・社会的な持続可能性の危機に直面している。しかし他方で，その危機を回避するためにさまざまな努力もしはじめている。どのようにすれば危機を回避できるのか。危機を回避するために一人一人が行動に移すことが求められているが，その前に，人間の活動と環境との相互関係について，もう少し丁寧に振り返って，より正確な全体像をつくっておきたい。

そこで，ここではジグソー法を用いたグループワークを行うことで，より正確な全体像の把握にチャレンジしてみよう。ジグソー法とは，ジグソー・パズルのように，異なった形のピース（＝知識や情報）を統合することで，課題に対するより深い理解を見出す学習法である。資料を読み解く過程でのグループディスカッションで学びが深まり，学び取った事柄を同じ班のメンバーに伝えることで学びが定着し，他のメンバーが持ち帰った情報によって全体像を構築するという方法である。

アクティブ・ラーニングとしてのジグソー法

グループのメンバーが異なる領域の情報を分担して収集し，それぞれが集めた情報をもとに大きな全体像をつかもうというアクティブ・ラーニングが，今回のジグソー法を用いたグループワークである。

「人類と環境との相互関係」という時間的にも空間的にも壮大なテーマに対して，一人で挑もうとすると，時間が足りなくなったり，一部の領域の情報に偏ってしまいかねない。そこでジグソー法を用いて，メン

バーの一人一人が別の領域の情報収集を行い，グループに戻って取得した情報を伝達し合って，みんなで全体像を構築する方法が有効である。

メンバーの一人一人が自分の役割についてしっかりと自覚して情報を取得し，その情報を的確に他のメンバーに伝達する，そして他のメンバーからもたらされた情報から全体像を構築していく過程では，まさに頭脳のフル回転が求められる。「主体的，協働的でしかも深い能動的な学び」とならざるを得ない。まさに今もっとも求められている学習法といってよいであろう。

ただし，限られた授業時間のなかでジグソー法を用いた効果的な学びを実現するには，指導者は以下の点で周到な準備をする必要がある。

1 適切なテーマ設定

参加者の発達段階を考慮し，しっかりと意見を交わすに値するテーマの設定が求められる。そのためには多様な見方・考え方が可能であり，またそれを寄せ集めることで，全体像が浮かび上がるようなテーマの設定が望ましい。

今回は大学生を対象とし，テーマは，「人類の活動と環境の相互関係の全体像」を設定した。

2 適切な資料の提示準備

通常の「ジグソー法」では，異なった視点からの複数の資料を準備して提示する。ただし，膨大な資料を提示しても消化不良になりかねないので，ある程度整理された資料，しかも具体的な事例が盛り込まれた資料を準備するとよい。

ここでは，上記のテーマを追求するために，

Ⓐ　狩猟・採集社会における人類と環境

Ⓑ　農牧業社会における人類と環境

Ⓒ　工業化社会における人類と環境

04　人類と環境の相互関係　|　49

Ⓓ　21 世紀社会における人類と環境

という人類史上の大きな社会構造の変化に沿った 4 つの資料案を準備してみた。

③　進め方についての理解の徹底

「ジグソー法」の進め方には多様なものがありうるが，東京大学の三宅なほみ教授らが開発した「知識構成型ジグソー法」を簡略化したものが学校現場で普及している。その基本的な手順は，

進め方

STEP 1　学習テーマを提示する。

STEP 2　エキスパート活動＝用意した資料の数に相当するグループ（今回は 4 種類の資料を準備したので，4 つのグループ）に分かれてもらい，各グループにはそのテーマの学習を深める別々の資料を提示する。グループで意見交換をしながら，他人に説明できるぐらい理解してもらう。

STEP 3　ジグソー活動＝各グループから一人ずつ（または複数人）が集まって新たな班をつくり，それぞれが理解した資料の内容を班のメンバーに説明し合い，知識や情報を統合して，テーマに対する深い理解に導く。

STEP 4　クロストーク＝各班で話し合ったことを全体で発表し合い，異なる発表を聞くことで新たな気づきを得る。

という流れである。

「ジグソー法」を試してみようと思っても，最低 3 ～ 4 種類の資料を準備する必要があることから，ひるんでしまいがちになる。しかし，たとえば，

■ 一つのニュースに対する複数の新聞の社説

■ 類似した課題についての複数のグラフ（たとえばインターネットで取得できる風力発電や太陽光発電と原子力発電の発電量推移のグラフ）

■ 類似したテーマを扱った複数の YouTube 動画

■ブックレットの章単位の提示というように，既存の材料を使うことから試してみるのもよい。

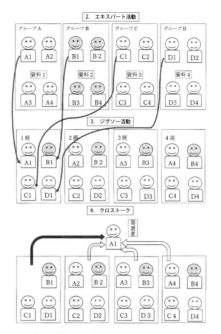

図表1 ｜ 知識構成型ジグソー法の流れ

4 入門事例を用いた要領の会得

ジグソー法を実施した経験のないメンバーに対して，いきなり本格的なテーマを課しても戸惑うことが多いであろう。そこで，入門的な事例を用いて，要領を会得してもらうとよい。たとえば以下のような入門事例を試みてはいかがであろうか。

"develop" という動詞の根源イメージ探究

4つのグループに分けて，それぞれのグループに以下のいずれかの英文カードを配布する。

- stages of development
- resource development
- developmental biology
- developmental psychology

STEP 1 「今回のテーマは "develop" という動詞の根源イメージの探究です」

STEP 2 「各グループに配布した英文カードには、いずれも development または developmental という単語が含まれています。各グループで意見を交わして、適切な日本語訳をつけ、"develop" という動詞のイメージを共有してください。英和辞典を使ってもかまいません」

STEP 3 「各グループから一人ずつ出て新たな班をつくり、それぞれのグループに配布された英文とその日本語訳を紹介し合って、それぞれの班で "develop" という動詞の根源的なイメージを A3 判の紙に図で表現してください」

STEP 4 「それぞれの班で描いた図を掲げて、そのような図を描いた理由を簡単に説明してください」

develop という動詞の根源的なイメージを私なりに表現してみたのが以下の図である。

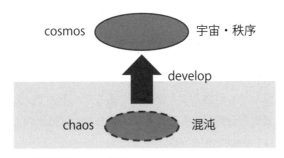

図表2 | "develop" の根源的なイメージ例
この事例は『環境教育辞典』(教育出版, 2013)の「『開発』と『発展』」(井上有一氏執筆)を参照

5 ジグソー法が有効な手法である理由

中央教育審議会における新学習指導要領の審議過程で、「アクティブ・ラーニング」といういい方は、最終的に「主体的・協働的で深い学び」といい換えられることになった。「主体的な学び」「協働的な学び」「深

い学び」の3つの視点に分解して示したわけであるが，ジグソー法はこの3つの視点のいずれにおいても有効な学び方である。

　まず，参加者全員がそれぞれのグループのメンバーとして異なった内容のエキスパート活動を行うので，責任感をともなった「主体的な学び」に向かわざるを得なくなる。資料を読み込む過程でも，他のメンバーに伝えることを意識するだけで，おのずから集中度が高まっていく。グループ活動にありがちな「他人まかせ」にできない点が，このジグソー法の大きな特徴といえよう。

　グループのメンバーが分担して一つの全体像をつくっていく活動であるので，ジグソー法は典型的な「協働的な学び」といえる。ジグソーパズルで一つのピースが欠落したら完成に至らないように，一人でもいい加減な情報を提供すると，グループとしての全体像把握が不十分なものとなる。ただし，一つの資料の理解が不十分であっても，ジグソー活動を行う過程で，他のメンバーが持ち帰った情報に助けられて理解が深まるケースも多い。メンバーが協力し合うことで全員の理解が深まったときには，まさに「協働的な学び」の達成の喜びを味わえることになる。

　「深い学び」については，さまざまな見解があるが，「個別的な知識・技能が互いに関連づけられてつながり，構造化・概念化されていく学び」という理解がもっとも一般的であろう。この点でも，ジグソー法は，エキスパート活動で得た自分の情報と他のメンバーが持ち帰った情報とを関連づけることで，全体的な構造が明確になっていくことを確認できる活動である。まさに，これからの時代に求められる「深い学び」を実感できる学習手法である。さらに，この活動で「学びに火がつく」ことになれば，活動の終了後も，新たな情報を求めて没頭する，というタイプの「深い学び」に進むことが期待できる。

■参考文献

諏訪哲郎（2012）「人類の発展と環境問題—環境問題の発生から持続可能性へ」（日本環境教育学会編，『環境教育』，教育出版所収）

東京大学 CoREF ウェブサイト「知識構成型ジグソー法」http://coref.u-tokyo.ac.jp/archives/5515

配布資料案 A　　　狩猟・採集社会における人類と環境

　現生人類（ホモサピエンス）は，アフリカの類人猿の一部が森林からサバンナ
へ移動し，その後，二足歩行や火の使用などの特色を獲得していった集団のなか
から約 20 万年前に誕生した。人類の祖先が道具や火，複雑な言語の使用という
発展の道筋を歩んだ時代は，第四紀（約 260 万年〜現在）と呼ばれており，氷河
期と間氷期が繰り返された時代であった。この気候環境の大きな変化が生態系に
異変をもたらし，度重なる異変への対応が類人猿に飛躍をもたらし，現生人類を
生み出したともいわれている。初期の現生人類は男性と女性が一緒に小さな集団
をつくって行動しており，女性が主に植物性食料を採集し，男性が主に狩猟や漁
労を担当していた。

　約 20 万年前の現生人類の誕生から初期農耕段階に至る過程の解明は，従来は
人骨や石器に対する地道な考古学研究に頼らざるをえなかった。しかし，遺伝情
報の解析技術がこの 30 年ほどの間に急速に進展したことで，先史時代の人類史
の全貌が急速に明らかになりつつある。

　女性系統で継承されるミトコンドリア DNA（以下，MtDNA）についての研
究は 1980 年代半ばから進展した。その結果，アフリカで誕生した現生人類の一
部は 7 〜 8 万年前にアラビア半島東部を経由してイラン東部からインド西部に移
動し，そこで MtDNA に新たな突然変異マーカーを持つ M と N の二つの集団が
誕生したことが明らかになってる。M から分化した集団はアジアに拡散し，一
部は南米大陸に達した。N から分化した集団は北アフリカからヨーロッパにも広
がった。チベット高原から日本に至る東アジアの場合，MtDNA のタイプは多様
性に富んでおり，温和な気候環境であったとこからさまざまな食料獲得手段を携
えた複数の集団が移り住み，そこで共生・融合していった歴史過程が推測できる。

　一方，男性系統で継承される Y 染色体 DNA に対する研究は 1990 年代半ばか
ら急速に進展した。その結果，Y 染色体 DNA のタイプ別の分布からは，農耕文
化が成立して以降，優れた食料生産技術を獲得した集団が，軍事力を備えて広範
囲を支配していく過程が推測されている。東アジアの場合は，水田稲作の北上・
拡大と Y 染色体 DNA の O というタイプの広がりに分布的な相関がみられる。

　この MtDNA と Y 染色体 DNA の研究から，さまざまな集団が移り住んで，民族
的・文化的な融合が進んでいた東アジアでは，その後，水田稲作文化を携えた集団
が北上・拡大し，先住集団を支配していった過程が推測できる。

配布資料案B	農牧業社会における人類と環境

今日，世界の陸地の40％弱が農牧地として利用されており，陸地面積の約30％を占める森林を上回っている。今では砂漠や荒地となってしまっているが，かつて農牧地として利用され，その後放棄されてしまった土地も広大である。おそらく地球の陸地面積の半分以上は，人類の農牧業によって森林や大草原から農牧地や砂漠・荒地に変えられてしまったといってよい。

農牧業がもたらした生態系への影響は，森林の伐採や草原の開墾による農牧地の拡大だけにとどまらない。農牧業をはじめたことによって人類はそれまでの移動生活から定住生活に移り，やがて都市を誕生させた。都市の建設のために多くの樹木が伐採されて建材やレンガを焼く燃料に使われた。

農牧業の成立は食料の蓄積を可能にし，社会集団の内部に貧富の差や支配・被支配関係を生み出した。戦争が頻繁に引き起こされるようになったのも，農牧業の成立以降である。肥沃で広い農牧地の確保と富の蓄積をめざした集団同士の対立が戦争を引き起こした。戦争はいつの時代においても環境破壊に大いに加担している。

農業はそれぞれの地域の自然環境に適した作物を栽培する生産様式であったが，人類は自然環境の制約を克服してより多くの食料を獲得する技術を発達させてきた。乾燥した条件を克服するために紀元前から用いられてきた技術に灌漑がある。FAO（国連食糧農業機構）によると，世界の灌漑面積は1950年の9,400万haから，2009年の2億7,700万haへと約3倍に増えている。しかし，灌漑面積のうちの約5分の1は塩類集積などによって既に農地として使用できなくなっている。塩類集積は毛細管現象によって地中にあった塩分が灌漑用水とともに地表に現れ，水分の蒸発によって地表が白い塩分の層に覆われる現象である。

人類は農作物を害虫や病気から守るために農薬を発明し，今日もおびただしい量の農薬が投入されている。その結果，たとえばネオニコチノイド系農薬の残留がハチの大量死の原因と推定されるなど，生態系や人体への影響が指摘されている。また，遺伝子組み換え技術によって除草剤耐性（除草剤に耐性を持ち，除草剤をまいてもその品種の作物は枯れない）および害虫抵抗性（害虫に毒性のあるたんぱく質を作物内につくり，害虫の加害による損失を減らす）を持った遺伝子組み換え作物も，環境や健康への影響が十分に検証されないまま，多国籍アグリビジネスの世界戦略によって年々栽培面積を増加させている。

配布資料案 C　　　**工業化社会における人類と環境**

　18 世紀にはじまった蒸気機関の発明などによる工業の発達と，それに続く人類の産業化社会への移行は，今日の大量生産・大量消費・大量廃棄を導いたという点で，農業と動物の家畜化をはるかに超越する衝撃を地球環境に与えた。産業革命がはじまり，動力源としての蒸気機関が普及すると，石炭の需要が高まり，炭田開発が進められた。この石炭の大量消費は，ヨーロッパ各国に大気汚染や酸性雨をもたらした。エネルギー革命といわれる石炭から石油への転換によって，化石燃料の消費はますます増加し，大気中の二酸化炭素量を増加させ，地球温暖化問題を深刻なものにしている。

　原子力エネルギーは CO_2 発生が少ないことから，温暖化対策として有力視された。しかし，1986 年のチェルノブイリ原発 4 号機の爆発・炎上事故や 2011 年の福島第一原発のメルトダウン事故をみても，安全性には大きな課題がある。巨大地震や巨大津波ばかりでなく，テロ攻撃などに対する弱さも指摘されている。また，使用済み核燃料や放射性廃棄物の処理などの問題も未解決である。21 世紀に入ってからは，太陽光発電や風力発電などの再生可能エネルギーの施設の設置が急速に進んでいる。発電単価も年々安くなり，蓄電方法の進展も著しいことから，今後，再生可能エネルギーの比率が高まると見込まれている。

　産業革命以後の工業をけん引した主役の一つが近代化学工業であった。私たちの身の周りには合成繊維，合成樹脂，合成ゴム，染料，医薬品などの人工物であふれている。近代化学工業は，自然界に存在しない化学物質を次々と生産することで，人類にさまざまな便利さを提供してくれた。しかし同時に，DDT，PCB，フロンガス，そして近年大きな問題として話題に上がっているマイクロ・プラスチックなど，環境問題の原因をつくり出してきた。

　工業化社会は人口の増大と都市化を促進させた。食料の増産に加え，衛生状態の改善と医学の進歩によって，乳幼児死亡率も低下し，人口増がもたらされた。

　とくに 20 世紀の後半は，開発途上国において都市人口が急増している。工業化社会では，製品の生産部門だけでなく，大量生産した製品を各地に輸送し・販売する部門や事務管理部門も生み出した。また，教育やさまざまな文化活動，サービス業務に従事する人々も増加し，第三次産業人口を増大させた。農村からの人口流入に加え，第三次産業人口の増加は都市域の拡大をもたらし，ゴミ問題や自動車からの排気ガスによる大気汚染などの環境問題を生み出している。

配布資料案 D　　21世紀社会における人類と環境

　今日，世界の人口の50%以上が都市で生活している。都市人口率は今後も上昇し続け，2050年には約70%に達すると国連人口部は推定している。つまり，21世紀の人類は，その大半が本来の自然環境からかけ離れた都市という，鉄とコンクリートでつくられた人工的な環境のなかで日々を過ごすことになる。

　2016年に策定された日本の第5期科学技術基本計画は，これからめざすべき社会をSociety5.0とし，サイバー空間（仮想空間）とフィジカル空間（現実空間）を高度に融合させたシステムにより，経済発展と社会的課題の解決を両立させる人間中心の社会としている。狩猟・採集社会を1.0，農耕社会を2.0，工業社会を3.0とし，それに続く現在は4.0の情報社会といえる。20世紀末以来の情報通信技術（ITC）の発展は著しく，世界全体の人口に占めるインターネット利用者の割合は2017年には50%をこえている。携帯電話の普及率も今では100%を突破している。とくにアフリカの大部分の地域では有線電話の段階を経ずに，人口衛星を利用した携帯電話による通信の段階になっている。

　このような情報通信技術や科学技術の発展は，人類にとって経験したことのない環境を生み出している。ヴァーチャル・リアリティ（仮想現実）の発達やゲノム編集の簡便化などは，人類に大きな恩恵をもたらす可能性とともに，大きな危険をもたらす可能性もあると指摘されている。

　地球温暖化や生物多様性の減少などの地球環境問題も，21世紀になって深刻さを増している。人類の消費物を生み出すために必要な土地面積を示す指標である「エコロジカル・フットプリント」は，地球1.7個分と計算されており，この点でも現在の人類の生活は持続不可能である。気候変動枠組み条約や生物多様性条約など，世界全体で協調して対応しようとする動きがある一方で，自国の経済的利益を優先させようとする自国中心主義が蔓延する懸念も拡大している。

　しかし，持続可能な社会をめざす動きは確実に大きくなりつつある。2015年に開催された国連持続可能な発展サミットでは，地球環境と人々の生活を持続可能なものとするために，2030年までに取り組むべき17の目標と169のターゲットからなる持続可能な開発目標（SDGs：SustainableDevelopmentGoals,）が採択された。このSDGsに呼応する動きは日本でも活発で，たとえば，経団連は企業の経営倫理規定である「企業行動憲章」を2017年11月に改訂し，SDGsの実現に協力する姿勢を示している。

04　人類と環境の相互関係　|　57

UNIT 05 二つの人口問題：過疎と過密
AL　ネット検索＋スライド資料作成

岩本　泰

世界と日本の人口問題

1　世界の人口の推移

　セヴァン・カリス＝スズキ（Severn Cullis-Suzuki）さんを知っているだろうか。彼女が国際的に有名になったのは，1992年にブラジルのリオ・デ・ジャネイロで開催された「国連環境開発会議（地球サミット）」で，ECO（子供環境運動）代表としてスピーチしたことがきっかけであった。当時若干12歳のスピーチに，会場は静まりかえり，その内容は大人たちを驚かせた。このスピーチで，世界をよい方向に導くために50億の人たちがともに行動する重要性を世界に訴えた。当時は，パワーポイントのような便利なプレゼンテーションソフトはなかったが，メッセージはしっかりと聴衆に伝わった。

　彼女は，スピーチの中で地球上に存在する私たち人間が国境をこえて協力・共存すべきことを「私たちは50億以上の人間からなる大家族」と表現している。

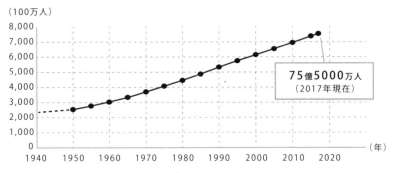

図表 1｜世界人口の推移　総務省統計局[1]

58

ところでその後，世界の人口はどう変化したのだろう。図表1は，世界人口の推移のデータをもとにグラフ化したものである（2017年10月現在）。このグラフからスピーチ後の25年で，世界人口は，25億人以上増えたことがわかる。またこのスピーチでは，リオのストリートチルドレンのことも紹介している。仕事を求めて都市に集まり，生きていくために道端で物乞いをして生活している子供たちの実情，心の清らかさを訴えた。彼女は，大都市の過密な状況，陰の部分を訴えたのである。

2　日本の人口の推移

私たちは，世界と日本，都市と地方における過密と過疎という二つの人口問題に直面している。このうち，世界の人口増は，日本で普通に生活していると，ほとんど実感を持つことができない。そればかりか，私たちが暮らす日本の人口は，2008年に1億2808万人をこえてから減少を続けている（図表2を参照）。こうした状況は，保育，医療，福祉分野でとくに深刻で，人材不足により提供されるサービスの質的低下が危惧されている。

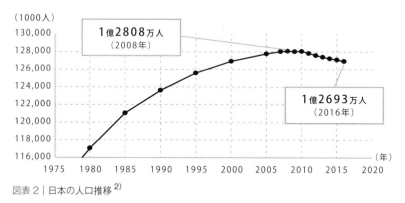

図表2｜日本の人口推移[2]

一般に，人口について考えるときには，自然増減と社会増減の両者に着目する。ある地域の中で，生まれた人数と亡くなった人数の差を自然増減という。一方，地域外への引っ越し（転出）とその地域への引っ越し（転入）による増減を社会増減という。

05　二つの人口問題：過疎と過密　｜　59

図表3│合計特殊出生率の年次推移 [3] (2013年)

　自然増減については，人口統計上の指標として，合計特殊出生率（Total Fertility Rate: TFR）が重要である。合計特殊出生率とは，一人の女性が出産可能とされる15〜49歳の女性に対して，各年齢の出生率を足し合わせ，一人の女性が生涯，何人の子供を産むのかを平均することで推計した数値である。図表3は，『平成27年版少子化社会対策白書』に基づいて，合計特殊出生率の推移を示したグラフである。かつて，一組の夫婦の子供の数は，全国平均で4人以上いた。日本は高度経済成長期を迎えると，急速な工業化や都市化が生じた。都市では開発を担う人材不足が深刻になり，農村部と比較して賃金水準が高くなった。そのため，毎年農村から大量の若者が流入し，当時の若い世代は「金の卵」としてもてはやされた。毎年地方の農村から大都市部に流入，首都圏・中京圏・近畿圏の三大都市圏は，転入超過状態とった。その流入人口は年間約40〜60万人であったといわれている。

　その後，出生率は減少し，1970年代後半から合計特殊出生率は2を割り込む。親二人に対して子供の人数がそれ以下になり，その後再び2をこえていないことから，日本が本格的な人口減少社会に突入した時代の転換点を示している。

3　地域の人口の課題

　人口問題は，自然増減のように地域の中だけでなく，地域をこえて把握することが重要である。とりわけ，全体の平均値はある種の傾向を示すが，地域ごとの実情をしっかりとつかみながら，実態を理解するよう

努めることが必要になる。そこでまず，2013年度の合計特殊出生率について地域別にみてみよう。図表4は，全国の都道府県において，とくに高い地域と低い地域を抜粋したものである。全国平均の値が1.43であるのに対して，全国最下位は，東京で1.13，ついで京都が1.26，神奈川と奈良が1.31と，大都市圏を中心として低い数値となっている。一方，沖縄は1.94と限りなく2に近く，他の地域より高い状況にある。

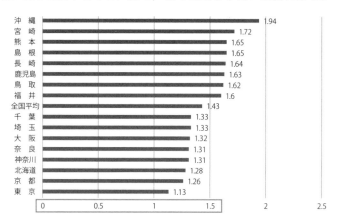

図表4｜2013年度の地域別合計特殊出生率の比較結果（抜粋）[4]

さらに，2013年から2014年にかけての地域別人口増減について，上位と下位の都道府県を抜粋して示したのが，図表5である。全国平均は−1.7%であった。しかしながら，下位の秋田県，青森県の東北2県は，10%以上のマイナスであり，人口減が著しい。それに対し，東京は6.8%の増加で，一極集中になっていることがわかる。

図表5｜2013〜2014年の都道府県別人口増減（抜粋）[5]

	秋田県	青森県	高知県	山形県	和歌山県	全国	愛知県	神奈川県	埼玉県	沖縄県	東京都
■ 社会増減	-4.3	-4.9	-2.7	-3.3	-2.8	0.3	1.2	1.9	2.8	0.2	6.6
□ 自然増減	-8.4	-5.9	-6.9	-5.9	-5.7	-2.0	0.5	0.0	-0.5	3.8	0.1

□自然増減　■社会増減

図表6 | 2013～2014年の都道府県別自然／社会増減（抜粋）[6]

　図表5について，さらに自然増減率と社会増減率（（転入者数－転出者数）／総人口）の内訳を示した結果が図表6である。ここで注目すべき点は，増減率の質的な違いである。たとえば，東京の人口増は圧倒的に転入に伴う社会増が多いが，沖縄県は出生率の高さが，地域人口の自然増をもたらしている。一方，秋田県の人口減少は，自然減が社会減の2倍となっており，地域人口の自然減が著しいことがわかる。このように，自然増減と社会増減の2点に由来する，ある一定期間における人口の大きさや分布の変動を人口動態という。人口統計は，人口に関わる社会・地域問題や現状をひも解く手がかりとなる。大都市圏では，より快適な住環境と条件のよい仕事を求めて流入する人口が増え，そのひずみは保育園の待機児童数（図表7を参照）増加,「介護難民」の増加といった状況も生み出している。一方で地方は，経済の衰退と税収不足，野生生物による被害や荒廃農地，災害からのリスクや空き家の増加（図表8を参照）など，課題は山積している。

　このように，たとえば首都東京は，都内で新たに生まれる人口は少ないが，地域内への流入人口が極端に多く，首都圏への一極集中の傾向を客観的に読み解くことができる。逆に，山梨県では，空き家率が高く，古い建物が放置されて新しい住人が移住していない，という地域の空洞化を推測できる。さらに，沖縄県の出生率の高さがどのような理由によるものなのか，その理由をさらに調べることによって，少子化対策のヒントを考えるきっかけとなることが期待できる。

図表7│待機児童数[7]（2018年4月1日現在）

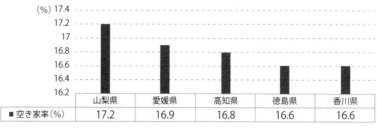

図表8│空き家率[8]（2013年）

アクティブ・ラーニングとしてのネット検索とスライド資料作成

1 ネット検索

　人口問題の本質を考えるには，どのような背景があるのか，丁寧にひも解くことが必要になる。一方で，現状をひも解く切り口として，国連関連機関や国（とくに総務省）・地方自治体等が発表する統計データが学びのきっかけとなる。学習者が主体的に資料を集め，対話の根拠資料としようとする場合，ネット検索は便利なツールになり得る。しかし，使い方を誤ると，浅い学びとなるばかりか，誤った結論を導き出す恐れがあることに注意が必要である。

　現在のようにネットなどの便利な情報収集ツールがなかった時代には，基本的に印刷された本や雑誌を引用・参考にしていたし，資料的価値が高いものは，現在でも印刷された紙媒体（最近は，電子化される学

術雑誌も増えてきたが）であることは変わらない。その理由は，一つの出版物が刊行される過程で，校閲や校正を重ね，掲載内容に誤りがないかどうかがチェックされるため，内容に一定の信頼度があるからである。一方で，一部のメディアや執筆者は，内容的に偏ったメッセージや都合のよいデータを使っている場合がある。また，参考文献・資料の一覧から，引用した人がどのような考え方をするのか想像がつく場合もある。

さらに，インターネット上にはフェイク（まやかし）な情報も溢れているため，出典元を丁寧にチェックする必要がある。国際機関や日本の官公庁，そして地方自治体がまとめた情報において，誤った情報を掲載した場合には掲載責任が問われるため，一定の信頼度がある。一方で，情報元が明らかでなかったり，匿名であったりする場合は，とくに注意が必要である。たとえば，その注意点は，以下の通りである。

① 企業の情報は，基本的にその自らの企業活動を肯定する情報が多い。
② Oxfam や WWF のような学術的な専門家が関わっている団体は例外として，一般的に NPO 団体や個人運営のサイトは，必ずしも専門家が介在していない場合がある。
③ SNS の情報は，参考にならない場合が多い。

また一般的ではあるが，レポートや論文，スライド資料作成時には，コピー＆ペーストは，自分の主張なのか，他者からの引用なのか判別ができないので，しないようする。そもそもコピー＆ペーストした資料を複製して不特定多数の人に配布したり，動画の不正ダウンロードをしたりする行為は，著作権法や商標法違反になる。さらに，サイト名と URL を引用情報として正しく記載することや，ネット上の情報を参考情報として使用する場合には閲覧した日を必ず記入する。

このように印刷媒体を補完する意味で，十分に注意を払ってネット検索し，出典元をしっかりと開示することを心がける必要がある。まとめた内容もさることながら出典情報を学習者間で互いに点検し合い，不正確で偏った情報が紛れていないかどうかチェックし合うことも深い学びの一歩といえる。このような力は，近年「メディアリテラシー」といった言葉で問われている学習能力の一つである。「メディアリテラシー」

とは，文字通りに理解すると，メディアを読解する能力ということになる。現代社会では，あふれんばかりの情報にさらされることが多く，情報の受け手が情報に流されたり惑わされたりすることも多い。そこで，情報の受け手が主体的かつ批判的にそれを読み解き，活用する力が求められる。ネット検索においてメディアリテラシーは，必須能力である。

② スライド資料作成

　発表内容を踏まえて，調べた結果を発表し，学習者間における深い学びのための対話の糸口とし，プレゼンテーション効果を高める重要なツールの一つがパワーポイント（PPT）である。しかし，この作成のプロセスにも，いくつか注意点がある。上述のメディアリテラシーに関連して，以下2点に注意してほしい。

① 情報には，伝える側の意図が含まれている。情報を伝える人，団体がどのような考え方かを配慮せずに，断片的に情報を抜き出すと偏った内容になってしまうことがあるため，どのような立場の人かを明らかにする，または複数の立場の異なる情報を使用する。

② 社会のマイノリティに対する配慮を心がける。LGBT などの性的マイノリティ，多様なルーツをもつ人や民族的アイデンティティの人に対しても不快にさせないための言葉の慎重な選定が必要である。

　②については，たとえば色弱者への配慮も含まれる。日本人の場合，男性の約5％，女性の約0.2％に存在するといわれている[9]。男性の5％というのは20人に1人であるから，1学級を40人とすると一般的にその約半数が男の子であるから，平均して1学級に1人は色弱の子がいることになる。すなわち，色の違いで何かを表現しようとするときは，シンプルに単色でもわかりやすいデザインにする必要がある。

　次に，PPT ファイルを作成する際に考慮する点を，以下6点示す。

① スライドをつくる前に，発表全体のストーリーをつくる。（例：問題の所在，発表の目的，調査の方法，結果，考察，残された課題や次の発表のテーマの提示 等（図表9））。とくに結果については，

明らかになった事実や根拠をもとに立証する。
② 明らかになった内容においては、発表のために本当に必要な情報かどうか吟味し、取捨選択をする（情報を詰め込みすぎない）。
③ 発表会場の広さを考慮し、使用する文字を小さくしすぎない（一般的な学校の教室では、最低20ポイント以上）。スライドの切り替えや図形や写真等の細かいパーツのアニメーションを多用しない。
④ PPTのメリットは、ポイントの整理と視覚情報（写真や動画）の組み合わせが容易であり、口頭発表を補完するツールである、という意識を持つ。
⑤ 議論のポイントや発表準備でわからなかったことを明示する。
⑥ プレゼンテーション内容において重要なキーワードは、抽象的な言葉の紹介だけでなく、その意味や具体的な事例を示す。

とくに数値などの統計データの羅列だけでは実態が理解しにくいこともある。数値がどのような意味を持つのか解説したうえで、議論のポイントをわかりやすく提示する必要がある。⑤や⑥は、学習に参加している人同士が課題を共有し対話を誘発する、アクティブ・ラーニングを進めるうえで重要である。発表者が調査した結果、どのようなことがわかり、逆にわからなかったのか、そのポイントの提示は、深い学びに向け

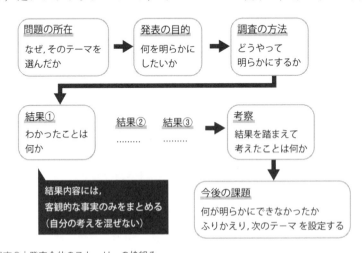

図表9｜発表全体のストーリーの枠組み

た議論のきっかけになる,ということを意識してほしい。以上をもとに,2つの人口問題-過疎と過密について,どのような問題に私たちが直面し,どのような解決策があるのか,実際に考えてみよう。

最後に本章では,二つの人口問題の解決を考える一例として,総務省が近年「関係人口」創出の重要性を示していることを紹介したい。図表10は,「関係人口」について示したものである。本章の演習として,自分はどのような地域と関係することができるのか,また人口問題を解決するために必要なことは何か,具体的な事例を示しながら調べ,ネット検索とプレゼン資料作成に挑戦してみてみよう。

作成に向けた参考として,図表11では神奈川県逗子市を取り上げた。逗子市も,将来人口の減少が地域課題となっている。地域人口問題や税収不足が危惧されていることから,ふるさと納税制度の活用が期待されている。事例の提案では,納税だけでなく,返礼品として体験型プログラムへの参加が期待されていることに注目してまとめた。体験プログラムでは,地域と直接関わることが求められる。納税が一つのきっかけとなり,ほとんど関わりがない者が,行き来する「風の人」として,関係人口に発展する可能性がある。

関係人口創出では,地域のすばらしさを発見し,将来の定住人口増加につなげることが期待されている。また,一極集中する都市から地方へ,

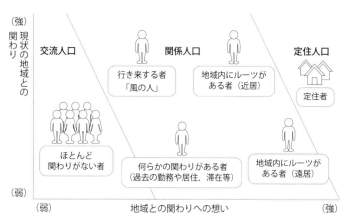

図表10 |「関係人口」とは？[10]

人の流れをつくりだす。さまざまな取り組みを持続可能に行う手段や，過疎化する地域の価値を掘り起こすことについて，一人一人が考え，議論し続ける学びが重要である。

1	2
人口問題を解決するために必要なことは何か 〜神奈川県逗子市における関係人口の創出を事例として〜 名前：〇〇　〇〇	問題の所在：将来人口の減少 ・神奈川県逗子市では，将来人口の減少予測 ・2018年度予算で財源が7億円ほど不足する緊急事態 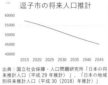 地域の持続可能性の危機 出典：国立社会保障・人口問題研究所「日本の将来推計人口（平成29年推計）」，「日本の地域別将来推計人口（平成30（2018）年推計）」
3	4
発表の目的：人口減少と財源不足をどのように解決するか ・将来人口の減少を食い止めるには，どのような施策が必要か ・市の財政を安定させるためには，どのような解決策があるか ⬇ 逗子市の持続可能な地域づくりに向けた具体的な提案	調査の方法 ・ネット公開行政資料の整理，分析 ・関連文献の調査 ・先行事例の調査 ・具体的な提案の提示 逗子市 ホームページ(イメージ) 逗子暮らし 出典：逗子市のHP http://www.city.zushi.kanagawa.jp/ （閲覧日：2019年1月31日）
5	6
結果：逗子市のまちづくり基本理念 都市宣言「青い海と みどり豊かな 平和都市」 この理想像に持続可能に近づくため，以下の将来像が示され，まちづくりに取り組んでいる。 ・「自然に生かされ，自然を生かすまち」 ・「コミュニティに支えられコミュニティを支えるまち」 出典：逗子市HP http://www.city.zushi.kanagaw a.jp/syokan/zaisei/hurusato.ht ml （閲覧日：2019年1月31日） 逗子海岸（発表者撮影）	結果：ふるさと納税による関係づくり ・ふるさと納税とは 「ふるさと」に貢献したい，応援したいという納税者の思いを活かす寄附金税制。 市外在住者が応援したい自治体を選択。 納税された財源をまちづくりに活用。 納税者も税額控除 出典：逗子市HP　（閲覧日：2019年1月31日） http://www.city.zushi.kanagawa.jp/syokan/zaisei/hurusato.html
7	8
結果：逗子市のふるさと納税の事業指定 ・共に学び、共に育つ「共育」のまちづくり ・共に学び、共に育つ「共育」のまちづくり ・自然と人間を共に大切にするまちづくり ・安全で安心な、快適な暮らしを支えるまちづくり ・新しい地域の姿を示す市民主権のまちづくり ・池子の森全面返還 出典：逗子市HP（閲覧日：2019年1月31日） http://www.city.zushi.kanagawa.jp/syokan/zaisei/hurusato.html	結果：ふるさと納税によって「関係」する ふるさと納税の返礼品に体験プログラムのニュー 【癒し体験】潮騒と波の音が心地よいビーチヨガ体験 2名様 10,000円 逗子ウィンドサーフィンスクール割引券 10,000円 出典：ふるさとチョイスHP https://www.furusatotax.jp/search?q=%E9%80%97%E5%AD%90%E5%B8%82&header=1&target=1 返礼品を通して、現地を訪れ、地域の人と交流
9	10
考察：ふるさと納税による関係づくり ・ふるさと納税によるまちづくりの応援事業指定 ・ふるさと納税の返礼品の体験プログラムを指定 ⇒現地を直接訪ねるきっかけづくりや市民交流 「ほとんど関りがない」から 「行き来する「風の人」」に変容 ＜関係人口の創出＞	今後の課題： 実現に向けて、何をクリアすべきか ・ふるさと納税の継続的な納税 　継続的な納税に思える魅力的な返礼プログラムの創出 ・関係人口を創出する返礼品の意義発信 　返礼品に付加価値の高いものや商品が過度に注目。 　意義をわかりやすい広報する工夫が必要。 ・ふるさと納税制度の改善 　他地域にお金が流れてしまうのが制度的問題。 　さらなる検討が必要。

図表11｜ネット検索とスライド資料作成事例　（神奈川県逗子市の地域事例から）

■注記

（各サイトの最終確認日は，2019 年 1 月 31 日）

1)　総務省統計局「世界の統計 第 2 章人口」をもとに作成。（http://www.stat.go.jp/data/sekai/0116.html）

2)　総務省統計局「日本の統計 第 2 章 人口・世帯」をもとに作成。（http://www.stat.go.jp/data/nihon/02.html）

3)　内閣府『平成 27 年版 少子化社会対策白書』より作成。（https://www8.cao.go.jp/shoushi/shoushika/whitepaper/measures/w-2015/27webgaiyoh/html/gb1_s1-1.html）

4)　3)に同じ。

5)　e-Start（政府統計の総合窓口）より作成。https://www.e-stat.go.jp/stat-search/files?page=1&layout=datalist&toukei=00200524&tstat=000000090001&cycle=7&year=20140&month=0&tclass1=000001011679）

6)　5)に同じ。

7)　厚生労働省「保育所等関連状況取りまとめ」をもとに作成。（https://www.mhlw.go.jp/stf/houdou/0000176137_00002.html）

8)　総務省統計局「平成 25 年住宅・土地統計調査」をもとに作成。（http://www.stat.go.jp/data/jyutaku/2013/10_1.html）

9)　滋賀医科大学 眼科学講座「色覚外来」より。（http://www.shiga-med.ac.jp/~hqophth/farbe/idenn.html）

10)　総務省 『関係人口』ポータルサイトより。（http://www.soumu.go.jp/kankeijinkou/index.html）

■参考文献

石川一喜（2012）「メディアリテラシー」日本国際理解教育学会編『現代国際理解教育事典』明石書店

岩本　泰（2018）「教育の道具・素材・環境」齋藤義雄編『教育方法・技術論―主体的・対話的で深い学びに向けて』大学図書出版

古川隆久（2006）「早わかり昭和史」日本実業出版社

UNIT 06

日本の人口減少と高齢化
AL　イラストランゲージ

河野　崇

日本の人口減少と高齢化の全体像

　日本は，世界でも類を見ない人口減少と高齢化社会に突入している。課題が山積する社会の中で，いかにして持続可能な国へと導いていけるのかは，日本で暮らすすべての人々に課せられた使命でもある。本章では，持続可能な社会づくりの観点から，「日本の人口減少と高齢化」をテーマとして，イラストと図表を用いた授業方法について提示する。

① 高齢化社会と日本

　「高齢化社会」とは，高齢者の比重が高くなった社会のことである。国際連合の定義によると，65歳以上の老年人口の比率が総人口の7%を超えた社会を指し，14%を超えると「高齢社会」という。21%以上になると「超高齢社会」といって「超」がつくほどの高齢社会となる。日本では1970年に総人口に占める65歳以上の人口割合が7%を超え，1995年に14.5%に達した。2007年には，21%を超えて「超高齢社会」となった。人口の高齢化は出生率の低下と平均寿命の延長によるもので，高齢化率の今後の推計をみると，高齢化が進行してきた先進地域はもとより，開発途上地域においても，高齢化が急速に進展すると見込まれている。

　日本の総人口は，2016年10月1日現在，1億2693万人となっている。65歳以上の高齢者人口は，3459万人となり，総人口に占める割合（高齢化率）も27.3%となった。日本の高齢化の特徴は，スピードが著しく速いことである。人口全体のなかで，65歳以上の高齢者の占める割合が7%に達したときから，それが2倍の14%になるまでに要した年数

を国際比較すると，日本は 24 年程度であるが，西欧諸国ではその 3 倍から 4 倍の年数がかかっている。

② 高齢化社会の問題点と対策

　経済成長や経済活力の鈍化が予測されるほか，とくに 75 歳以上の後期高齢人口の割合が高まる傾向にあることから，福祉費用の負担増など，多くの社会問題の拡大・深刻化が懸念されている。

　高齢化社会がおよぼす影響としては，次のような問題が挙げられる。
①経済活力の低下
②基礎自治体の担い手の減少
③社会保障制度や財政の維持の難しさ
④理想の子供数を持てない社会
⑤高齢者の就労や居場所の問題
⑥地域の担い手の減少

　国民一人一人が生涯にわたって安心して生きがいを持って過ごすことができる社会を目指して，「高齢社会対策基本法」が 1995 年 11 月 8 日に成立した。翌年には，この基本法にもとづく「高齢社会対策大綱」が発表され，あるべき高齢社会の姿とともに，高齢社会対策の基本的方向性が示された。大綱が推進する各種対策は，次の 5 つの分野に枠組みされている。
①就業・所得
②健康・福祉
③学習・社会参加
④生活環境
⑤調査研究等の推進

　元気で社会的な活動をする高齢者が，明るくアクティブにエイジングを楽しむことができる社会の構築が求められている。

アクティブ・ラーニングとしてのフォトランゲージ

① フォトランゲージとイラストランゲージ

　開発教育協会によれば,「フォトランゲージ」とは,写真を使って行う参加型のアクティビティ（学習活動）のことである。フォトは写真,ランゲージは言語という意味である。提示された資料をよく観察し,背景となっている状況に共感するとともに,その資料に込められた意味を探り出していく。そして,参加者相互で自らの気づきや発見を分かち合っていく。

　フォトランゲージには,資料から感じた疑問点をできるだけ書き出す方法（KJ法）や,自分の感じた印象や意味を短い解説として書き出す方法（キャプション）,資料を題材にニュース記事や物語を作成する方法などがある。実践例としては,1枚の写真から情報やメッセージを読み取る実践,複数の写真を使って相互に比較させる実践,写真を加工して隠された部分を想像させる実践,写真をつなげて物語をつくる実践などがある。

　個人情報の保護という観点から,学校教育の場では個人の写った写真は用いにくい。そこで写真の代わりにイラストを用いて授業を行うことが多い。そこで以下では,フォトランゲージならぬイラストランゲージを用いた授業例を提示する。

② イラストランゲージの進め方

　イラストには,写真と同様の,また写真とは違った多くの情報やメッセージが隠れている。また,同じイラストでも,それを描いた人,見る人のものの見方や価値観によって,解釈や印象はまったく異なったものとなる。イラストから情報やメッセージを読み取るとともに,自分の

答えに隠れた固定観念や先入観に気づかせていく。

進め方

使用教材：日本における高齢化社会の若者の負担を表したイラスト

> **STEP 1** 次のイラストからどんなことが読み取れるでしょう。
> **STEP 2** 2050年の日本社会では，どのような問題が起こるでしょう。
> **STEP 3** 2050年の日本の高齢化社会に対して，どのような対策が考えられるでしょう。

まずはイラストから読み取るのに十分な時間を確保する。正解は一つではないこと，色々な観点から意見を言ってほしいことなど，自由に発言できる雰囲気づくりが大切である。進行役は，参加者から出された意見を否定するのではなく，「なるほど」「うんうん」と肯定的に受け留めて，多様な意見を認める雰囲気をつくっていきたい。板書などを使って発言を分類したり，視覚的にわかりやすくまとめたりすることも考えられる。大切なのは，どの発言も肯定的に認めることである。

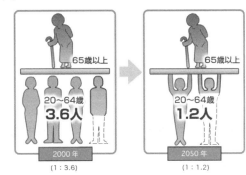

図表1｜国税庁ホームページ「税の学習コーナー」より[1]

次に，イラストから読み取ったことを出し合った後，その原因や問題点を考えていく。「どうしてこのような問題が起こるのでしょう」「このような問題が起こることでどのような影響が起こるでしょう」など，イラストから読み取ったことをつなげる質問を投げかけていきたい。

最後に，このような問題に対して，どのような対策ができるのかを考えていく。課題に向けた対策を考えることは，社会にある課題を把握し，その解決に向けて主体的に関わることでもある。このような学習はいわば，持続可能な社会づくりの担い手の育成につながっていく。

06 日本の人口減少と高齢化

授業づくりの実践事例

　ESDとは，持続可能な社会づくりの担い手を育む教育のことである。本章における授業づくりにおいても，このESDの理念を取り入れ，持続可能な社会づくりの観点から授業を構想する。

　授業は，①イラストが表す内容を読み取る，②問題点について考える，③問題の解決策を考える，という順序で進める。

　身近にある社会の課題を的確に把握し，その課題について主体的に関わり，解決策を考えていくなかで，持続可能な社会づくりの担い手を育んでいきたい。

1　1枚イラストをもとにした実践例

ねらい

　これからの日本社会では，若者が多くの高齢者を支えていかなければならない現状を理解し，その対策を考えることができる。

進め方

　実践例では，1枚の写真やイラストからどんなことが読み取れるのかを観察し，課題を考え，話し合うなかで，社会にある課題を的確に把握し，その課題について，解決策を考えていく。

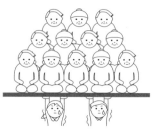

図表2｜少子高齢化社会の若者の負担感を表したイラスト

授業展開例①

教員 このイラストはどんなことを表していますか。考えた意見を発表してください。

生徒 グループで意見を交わし，発表する。

教員 今現在，日本は少子高齢化社会に突入しています。少子高齢化とは，少子化と高齢化が同時に起こっている状態です。少子化とは，生まれてくる子供の数が減り，人口に占める子供の割合が低くなることです。一方，高齢化とは，人口に占める高齢者の割合が高まることで，高齢者とは 65 歳以上を指します。

このような社会ではどのような問題が起こるでしょう。予想してみましょう。

生徒 グループで意見を交わし，発表する。

教員 たとえば，少子化で深刻になるのは行政サービスの低下です。行政サービスの主な財源の一つは住民が納めた税金ですから，働く若い世代が減ることで市に納められる税収も減り，その分，サービスも低下します。一方，高齢者の増加は年金や介護の費用の増加となって，財政に圧迫を加えます。

少子高齢化社会に対して，どのような対策ができるか考えてみましょう。

生徒 グループで意見を交わし，発表する。

　1 枚のイラストを用いた実践例では，まずはイラストからどんなことが読み取れるのかをじっくり観察するところから授業をはじめる。事例は少子高齢化社会の若者の負担感を表したイラストである。進行役は生徒の意見について解説を加えたり，足りない点について説明を加えたりしながら授業を進めていく。次に，少子高齢化社会が進むことでどのような問題が起こるのかを予想する。進行役は，生徒が自由に発想し，のびのびと意見が言えるような雰囲気づくりに気を配ることが大切である。正解を探るような授業になってしまうと，多様な発言は期待できない。進行役は，出された意見をまとめていくとともに，出されていない点については解説を加えていくなどしていきたい。

06　日本の人口減少と高齢化　|　75

問題点について予想をさせることで，少子高齢化社会は多くの問題を抱えていることに気づかせ，その対策を考えていく。

このように1枚のイラストが表していることを読み取り，どのような問題が起こるのかを予想して，その解決に向けて対策を考える授業を組み立てることができる。

授業展開例②

次の図は，日本の人口ピラミッドの年ごとの変化を表した資料の読み取りから，短い解説をつける実践例である。

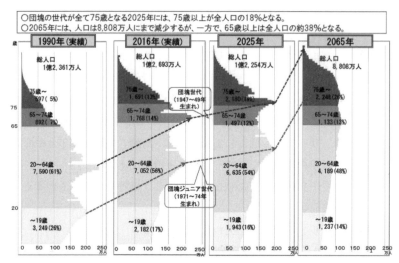

図表3｜日本の人口ピラミッドの変化　（出典）総務省「国勢調査」および「人口推計」，国立社会保障・人口問題研究所「日本の将来推計人口（平成29年推計）：出生中位・死亡中位推計」[2]

> **教員**　この図（図表3）は，日本の人口ピラミッドの年ごとの変化を表した資料です。この資料からどんなことが読み取れるでしょう。気づいたことについて，短い解説をつけてみましょう。
> このように人口が変化していくと，どのような問題が起こるでしょう。また，どのような対策ができるでしょう。

授業展開例③

次の図は，日本の一人暮らし高齢者の動向の変化を表した資料から，

隠された部分の推移を読み取る実践例である。

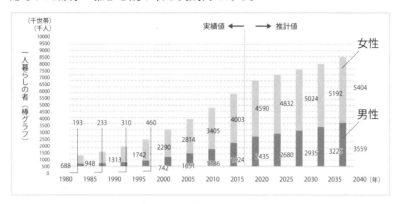

図表4｜65歳以上の一人暮らし高齢者の動向[3]
（出典）『内閣府 平成30年版高齢社会白書（全体版）』を参考に筆者作成

　教員　この図（図表4）は，2040年までの一人暮らし高齢者の動向を表した資料です。2020年以降，このグラフはどのように変化していくでしょう。（2020年以降のグラフを隠す）

　生徒　グループで意見を交わし，発表する。

　教員　このように一人暮らし高齢者が増えている原因は何でしょう。予想してみましょう。
　　　　一人暮らし高齢者が増えることでどんな影響が起こるでしょう。また，どのような対策が必要でしょう。

　このように，資料の内容を読み取る，その問題や原因を予想する，課題に向けた対策を考えるという順序で授業を組み立てることで，さまざまな資料による展開が可能となる。また，解説をつけたり，写真を加工したりして，授業者の創意工夫も加えたい。

❷　複数のイラストやグラフをもとにした実践例

　次に，複数の資料をもとにした実践例を紹介する。1枚のイラストをもとにしたイラストランゲージでは，多様な意見を認めることから，理由や根拠のない意見も出されることが予想される。複数の資料をもとに

06　日本の人口減少と高齢化 ｜ 77

した実践例では，具体的な問題や対策の事例を示しながら，より現実的で実現性のある意見を引き出していきたい。

ねらい
> 日本における少子高齢化の現状について，具体的な事例を示しながら問題について考えたり，課題解決の方法を議論したりする。

授業展開例

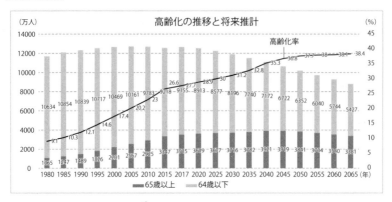

図表5｜高齢化の推移と将来推計[4)]

教員　この表からどんなことが読み取れるでしょう。

生徒　グループで意見を交わし，発表する。

教員　少子高齢化により，日本の人口は2010年から徐々に減りはじめ，2015年の高齢化率は26.6％。今や日本の高齢化率は世界1位となっています。

このまま少子高齢化が進んだ場合，2060年の高齢化率はなんと38.1％になると予測されています。お年寄りが増えていくと，社会にいろいろな問題が出てきます。

どのような問題が出てくるでしょう。

次に示す資料は，少子高齢化社会の問題点を表しています。それぞれどのような問題を表しているのか考えてみましょう。

図表6｜一人暮らし高齢者　　図表7｜老々介護

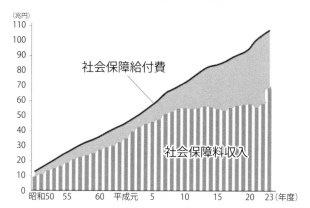

図表8｜社会保障費の推移　（出典）国立社会保障・人口問題研究所「社会保障給付費」

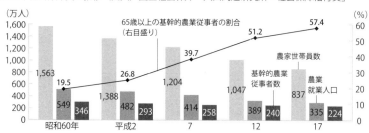

図表9｜農家世帯員，就業人口，従事者数の動向[5]

教員　このような問題について，どう思いますか。

生徒　グループで意見を交わし，発表する。

教員　高齢化社会では，高齢者がアクティブにエイジングを楽しむことができる社会づくりが求められており，各自治体や企業ではさまざまな対策や取り組みが行われるようになりました。たとえば，次のような取り組みが進められています。

20代以下	30代	40代	50代	60代以上
8.2%	39.2%	28.4%	17.7%	6.6%

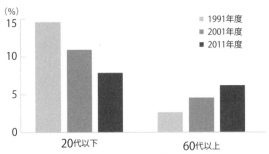

図表10｜起業数に占める各世代の比率[6]（2011年度）

教員　高齢者がこれまでの人生経験を生かしながら，起業をしている例が増えており，各自治体や企業でもそのための支援が行われています。高齢者が起業するとして，どのような起業が考えられるでしょう。

生徒　グループで意見を交わし，発表する。

教員　高齢者が笑顔溢れて生きがいを持って人生を楽しむことができるように，どのような対策や取り組みが考えられますか。

生徒　グループで意見を交わし，発表する。

　このように，複数の資料をもとにした実践例では，資料を順次提示していきながら授業を進めていく。実践するに際しては，生徒が考える前に資料を提示して参考にさせるか，生徒の意見を聞いたあとに解説として資料を使用するのかなど，さまざまな活用方法が考えられる。資料を提示する順序や展開など，進行役のオリジナリティで授業を組み立てていきたい。

■注記

1) 国税庁ウェブサイト『税の学習コーナー　学習・入門編　将来の税はどうなるの？少子・高齢化』（https://www.nta.go.jp/taxes/kids/nyumon/page11.htm）

2) 厚生労働省ウェブサイト「日本の人口ピラミッドの変化」『なぜ今，改革が必要なの？』
（https://www.mhlw.go.jp/stf/seisakunitsuite/bunya/hokabunya/shakaihoshou/kaikaku_1.html）

3) 内閣府「65歳以上の一人暮らしの者の動向」『平成30年版高齢社会白書（全体版）』
（https://www8.cao.go.jp/kourei/whitepaper/w-2018/html/zenbun/s1_1_3.html）

4) 内閣府（2019）『平成30年版高齢社会白書（全体版）』（図1-1-2）
（https://www8.cao.go.jp/kourei/whitepaper/w-2018/html/zenbun/s1_1_1.html）

5) 農林水産省（2007）「農家世帯員，農業就業人口，基幹的農業従事者数等の動向（販売農家）」『平成18年度食糧・農業・農村白書』
（http://www.maff.go.jp/j/wpaper/w_maff/h18_h/trend/1/t1_2_1_02.html）

6) 日本政策金融公庫（2011）『2011年度新規開業実態調査』p.12より筆者作成
（https://www.jfc.go.jp/n/findings/pdf/topics_120105_1b.pdf）

■参考文献

NHK For School「第3回　少子高齢化で日本はどうなる？」『社会 中学・高校　アクティブ10 公民』
（http://www.nhk.or.jp/syakai/active10_koumin/?das_id=D0005120483_00000）

エイジング総合研究センター編（2010）『図表でわかる少子高齢社会の基礎知識』中央法規出版

鈴木克也 編（2012）『アクティブ・エイジング─地域で活躍する元気な高齢者達』エコハ出版

内閣官房「大きく変化する社会・経済情勢」『明日の安心　社会保障と税の一体改革を考える』　政府広報
（https://www.mhlw.go.jp/seisakunitsuite/bunya/hokabunya/shakaihoshou/dl/panf.pdf）

認定NPO法人開発教育協会（DEAR）ウェブサイト「フォトランゲージ」
（http://www.dear.or.jp/activity/menu05.html）

UNIT
07

多文化共生と多様性の是非
AL ディベート

水山　光春

論題としての外国人労働者問題

1　論題の設定

　本章では「持続可能な社会づくり」に関する内容としての「多文化共生と多様性の是非」を，方法としての「ディベート」を通して考える。社会を持続可能なものとするために，多文化の共生や多様性の尊重が必要不可欠なことは，それらが尊重されないことによっていかに持続不可能な事態となるかを考えれば，容易に想像することができる。したがって，多様性の是非そのものというよりも，ここでの問題は，むしろ持続可能な社会づくりのために多様性が尊重されるのが望ましいことが明らかであるのに，なぜそれが実現できていないのかにある。本章では，そのことを，具体的な事象としての「外国人労働者問題」を通して考えてみたい。

　いわゆる外国人労働者問題とは，現状を前提として，日本は外国人労働者の受け入れを「今より拡大すべきか否か」という問題であり，原理的には外国人労働者に対して日本を開くべきとする考え方（開国論）と，閉じるべきとする考え方（鎖国論）の対立である。問題への対応としてのこれら二つの考え方の背景においては，判断の枠組みとして，功利的な「損・得」や，損得をこえた「普遍性」のどれを根拠にするかの価値規準や，政治・経済・社会・文化などのどの側面を取り上げるかといった問題の場面（事象）が複雑に絡み合っている。

　一般に開国論は，価値の普遍性の視点から，国際化の進展のなかで，ヒトの往来を自由にすることは人権・人道上の国際的な責務であり，また現実的な損得においても，建設現場や介護といった経済・産業界から

の差し迫った要請であると主張する。それに対して鎖国論は，普遍性の視点から，開国によって日本の固有の文化が損なわれることへの危惧や，現実的な損得において，日本の労働者の職場が奪われたり，社会が不安定化したり教育現場が混乱するであろうことの問題点を指摘する。

ここで大切なことは，ともすればある一つの価値規準や場面（事象）から一方的に論じられる傾向にある外国人労働者問題を，多様な価値，多様な場面（事象）から総合的に考えることである。そのことが，本章で扱う「持続可能な社会づくりに関わっての多文化共生と多様性の是非」の議論を，ステレオタイプではない，より豊かなものにすることになる。

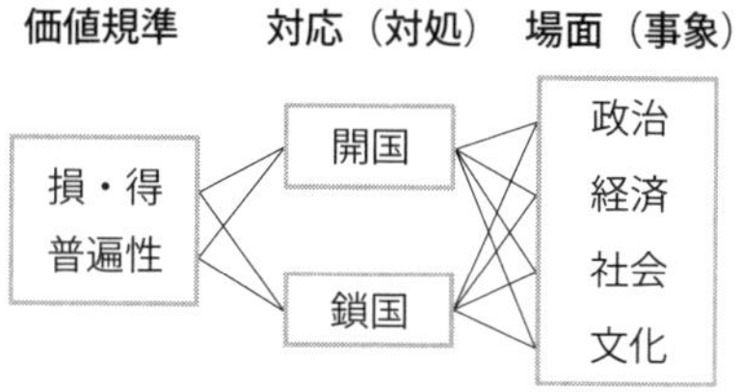

図表1｜外国人労働者問題への対応

2　現状の分析と開国論の背景

21世紀になって，社会のグローバル化にともなう人の移動がますます激しくなるにつれて，世界中から多くの人々が日本にやってくるようになった。政府の最新統計（図表2）によれば2015年度，ついに出入国者数は逆転し，2016年度の訪日外国人旅行者数は2404万人となり，2000万人をこえた（法務省入国管理局統計 2017 他）。5年前の622万人（2011年）と比較しても3.9倍に増加した。ちなみに出国日本人数はほぼ横ばいである。これらの人々の目的は観光，就学，労働，家族訪問

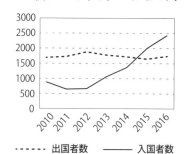

図表2｜出入国者数推移（万人）

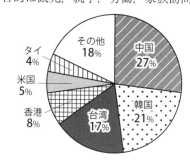

図表3｜訪日外国人観光客内訳（2016）

などさまざまであるが，観光客に限るとその国別内訳は，中国，韓国，台湾，香港の順となっており，東アジア地域が3/4を占めている(図表3)。この訪日外国人の数の圧力は日本にさまざまな課題を突きつけている。

ところで，2018年現在，「出入国管理及び難民認定法」によって認められている在留資格のうち，文化活動，短期滞在，留学，研修，家族滞在については，資格外活動許可を受けて一定の範囲内で就労が認められる者を除いて，原則，就労は認められていない。つまり，現在，日本では単純労働者は受け入れていない。では，外国人労働者の受け入れに消極的な日本で，なぜそのことが問題となるのか，その直接のきっかけの一つは，日本の人口動態すなわち，マクロなレベルでの人口減少社会（裏を返せば高齢化社会）の到来にある。

今，日本では「超高齢社会」[1]が進行している。総務省統計[2]によれば，2015年9月，日本国内における80歳以上の高齢者人口は1千万人を突破し，総人口に占める65歳以上の高齢者の割合も26.7％となった。高齢社会の進展は同時に，生産年齢人口の相対的減少をもたらす。同統計によると2015年の生産年齢人口は7592万人であり，1995年をピークにした減少に歯止めがかからないという。そこで労働力不足解消の対応策の一つとして，外国人労働者の受け入れや移民の拡大が議論されるようになった。

他方，ミクロなレベルでは，一部の業種・業態に人手不足が偏り，そ

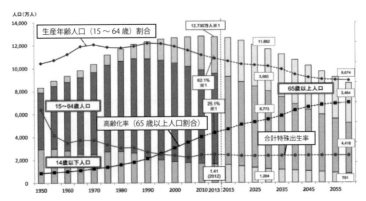

図表4｜日本の人口の推移（厚生労働省）

こでは外国人労働者が渇望されている。中小企業白書[3]によると業種別従業員数過不足 DI（「過剰」と答えた企業の割合から「不足」と答えた企業の割合を引いたもの）は，2017 年現在，建設業，サービス業において著しく，どちらも −20% をこえている（−25.6%，−20.9%）。また，近年，製造業においてその落ち込みが激しく，2009 年には +20% をこえていたが，現在は約 −16% となっている。

かくしてマクロ・ミクロの圧力によって外国人労働者は増え続け，厚生労働省「外国人の雇用状況」の届出状況によれば，2017 年 10 月末現在の外国人労働者数は，約 128 万人で前年同期比 19.5 万人，率にして18% の増加で，2007 年に届出が義務化されて以来，過去最高を更新した。また，国籍別では中国が最も多く，次いでベトナム，フィリピンの順に並ぶ（図表 5）。また，同統計の都道府県別の状況は以下の通りであり，上位の 5 県だけで全体の半数をこえている（図表 6）[4]。

中国	37.2 万人	（29.1%）
ベトナム	24.0 万人	（18.8%）
フィリピン	14.7 万人	（11.5%）
ブラジル	11.7 万人	（9.2%）
ネパール	6.9 万人	（5.4%）
その他		（26.0%）

図表 5｜国籍別外国人の雇用状況（2017）

東京	39.5 万人	（30.9%）
愛知	12.9 万人	（10.1%）
大阪	7.2 万人	（5.6%）
神奈川	6.9 万人	（5.4%）
埼玉	5.6 万人	（4.3%）
その他		（43.7%）

図表 6｜都道府県別外国人の雇用状況（2017）

このような外国人労働者に対して，100% の鎖国というのはあり得ない。なぜなら，すでに多くの外国人労働者が日本で働き，業種によっては不可欠の存在となっているからである。またそのことが，最初に述べた「現状を前提とする」理由でもある。

③ 鎖国論が危惧するもの

一方，外国人労働者や移民の安易な受け入れは日本人の就職先をなくしてしまうのではないか，外国人労働者や移民本人のみならずその家族や子女を巻き込んだ言語（日本語）習得をはじめとした文化面での日本

での生活の難しさは，日本人との間に衝突や軋轢を引き起こすのではないかなど，さまざまな懸念もある。これらの課題は大きく分けると，経済的課題，社会的課題，文化的課題の3つに分けることができる。

1 経済的課題

■非熟練労働者を低賃金で導入すると，国内における全体的な賃金水準の低下や非自発的な失業者の増加を招く可能性がある。

■非熟練労働者を本格的に受け入れ，労働法規や社会保障を整備すると，逆に賃金が騰貴したり，行政上の財政負担が増大する可能性がある。

■外国人労働者雇用の中心は都市部の中小企業であるが，それらの企業においては，十分な受け入れ体制や環境整備ができないので，外国人労働者の労働環境が相対的に現状より悪化する可能性がある。

■とくに単純労働においては，総じて賃金が安く安価な労働力と見なすことによって，さまざまな労働問題を引き起こす可能性がある。

2 社会的課題

■外国人労働者の滞在が長期化し，さらに家族を呼び寄せるようになると，言葉が通じないなどの理由から，しだいに同国人同士のコミュニティへの依存度が高まっていくと予想されるが，そのことが周辺社会に無言の圧力をかけることになる。

■労働形態が非熟練，単純労働である場合，低賃金であることが多いので，低家賃地域に外国人労働者は集住する傾向があり，行政などによる適切な対応が行われないと地域がスラム化する可能性が高まる。

■家族の呼び寄せや現地での結婚などの定住化によって，子供の日本語習得，母国語維持や就学支援などの教育問題が発生する。

■これらの課題への対応が適切に行われず，彼らを社会的な底辺に追いやった場合には，結果として犯罪の加害・被害の増加が懸念される。

3 文化的課題

　文化とは，その土地や地域の歴史とともに古くから住む共同体の住人によって大切にされてきたもの，すなわち言葉や生活習慣や思想や価値観などの総体であり，それらが尊重されるべきことはどの国や地域においても同じである。しかるにその受容圧力が度をこすと，共同体への新

規参入者はその圧力を強制や差別と受け取るのに対して，旧住民はそのような新参者の態度や姿勢に逆に反発し，かくして対立が生まれる。このような文化摩擦は得てして深刻で，たとえば以下のような場合に住民間のいざこざやトラブルにまで発展する場合がある。

- 単身者用のアパートであるにも関わらず，賃貸契約を無視して，数人の住人が住み込み，大きな生活雑音を出す。
- 燃えるゴミ，空き缶，ビン，プラスチックなどの分別や収集日を理解していない。
- 公共の施設，空間での集団行動のルールやマナーが守れない。

アクティブ・ラーニングとしてのディベート

1 ディベートの意義と特徴

　知的格闘技としてのディベートの特徴は，1）一つの論題について話し合う，2）肯定側と否定側に分かれる，3）話し合いは一定の手順・ルールに従う，4）最後は審判が勝敗を判定する，ことにある。また，ディベートには，①肯定側，否定側のメンバーの数は同数であること，②両チームの持ち時間は均等であること，③最初と最後は肯定側が話す，という原則がある。これらはディベートが試合（ゲーム）という形式を取るところから必然的にもたらされる公平性の原則にもとづく。

2 ディベートの流れと判定

　試合の流れともいえるフォーマットには，立論と反駁のみによって構成される伝統型と，立論に対して尋問を加える尋問型の大きく二つの種類がある。学校教育で用いられることの多い全国教室ディベート連盟が主催する「ディベート甲子園ルール」では，尋問型が採用され，2017

年現在のフォーマットは次のようになっている。

　議論は肯定側の立論によってスタートする。なおここでいう肯定側とは論題に対する肯定側で，現状は変更されるべきだと主張する。論題を『日本は外国人労働者をより多く受け入れるべきであるか否か』とすると，肯定側は「受け入れるべきである」と主張する。対する否定側は論題に対する否定，すなわち現状に対しては肯定の立場を取り，「より多く受け入れるべきでない（受け入れる必要はない）」と主張する。

肯定側立論	6分		
		否定側準備時間	1分
		否定側質疑	3分
		否定側準備時間	1分
		否定側立論	6分
肯定側準備時間	1分		
肯定側質疑	3分		
		否定側準備時間	1分
		否定側第1反駁	4分
肯定側準備時間	2分		
肯定側第1反駁	4分		
		否定側準備時間	2分
		否定側第2反駁	4分
肯定側準備時間	2分		
肯定側第2反駁	4分		

図表7｜高校生試合フォーマット
（全国教室ディベート連盟HPより）

　立論は基本的に「定義」「プラン」「メリット（デメリット）」から構成され，肯定側は現状を変更することのメリットを，否定側は現状を変更することのデメリットを主張する。「定義」は議論の土俵を決めるもので，たとえば，ここでいう「外国人」とは日本国籍を有しない者を指す。「プラン」は論題を実行するためのプロセスともいえるもので，プランが実行不可能であれば，当然にメリットは成立しない。なお，通常，ディベートにおいては「定義」「プラン」は著しく不当なものでなければ，肯定側のものが採用される。「メリット（デメリット）」はプランを実行することによって発生する事実と価値から構成され，議論における主張（価値判断）にあたる。この事実と価値は「発生過程」「重要性（深刻性）」とも言い換えられる。

〈立論のアウトライン〉

| 肯定側　①定義→②現状分析→③プラン→④メリット |
| 否定側　①定義→②現状分析→③プラン→④デメリット |

　上記のルールに従ったディベートは，ともすればきれいな言説で形づ

けられる外国人労働者の受け入れ増加や，概念としての多文化共生や多様性の確保の裏側にある問題点を鋭くえぐり出し，参加者がタテマエではなくホンネで思考することを求める。そこに，アクティブ・ラーニングとしてのディベートの意味がある。

　ディベートにおける判定は，肯定側・否定側のディベーター以外の第3者によって行われることが望ましい。また，判定の基準は肯定側，否定側がそれぞれ主張するメリット・デメリット，厳密にはメリットの発生過程と価値（重要性），デメリットの発生過程と価値（深刻性）が成立するかである。これらは表にしておくと比較がしやすい。

③ 模擬ディベート（展開例）

論題「日本は外国人労働者の受け入れを拡大するべきであるか，否か」

1　肯定側立論（3分）

　ただいまから肯定側立論をはじめます。まず定義を述べます。「受け入れの拡大」とは，業種を問わず，国籍による一切の制限（雇用契約，人数など）を撤廃することを意味します。

　現状分析です。日本は今，超高齢化社会に向かっています。証拠資料です。出典は総務省統計および厚生労働省資料です。同統計・資料によると，2015年9月，日本国内における80歳以上の高齢者人口が1千万人を突破し，総人口に占める65歳以上の高齢者の割合も26.7％となりました。高齢社会の進展は同時に，生産年齢人口の相対的減少をもたらします。同統計によると2015年の生産年齢人口は7592万人（全人口の60.6％）であり，1995年をピークにした減少に歯止めがかかっていません。生産年齢人口の減少が，わが国の産業や国力の低下に直結するであろうことは明らかです。

　また，特定の分野では人手不足が深刻で，そこでは外国人労働者が渇望されています。中小企業白書によると，業種別従業員数過不足DI（過剰と答えた企業の割合から不足と答えた企業の割合を引いたもの）は，2017年現在，建設業，サービス業において著しく，どちらも −20％ をこえています。

　このような労働力不足を解消するためにプランを2点導入します。

1〉2年間の準備の後，2020年4月から外国人労働者の受入制限を撤廃します。

2〉外国人労働者家族のマクロ・ミクロの圧力によって，外国人労働者のみならず，

家族の受け入れのケアのために，地方自治体にソーシャルワーカーを配置します。これにより発生するメリットは2点です。

① 「労働力不足の解消」

雇用制限の撤廃は外国人労働者の渡日を招き，労働力不足の解消につながります。とくに，とかく日本人労働者が敬遠しがちな3K職場の労働力が充足することは，社会インフラの円滑な運用に欠かせません。

② 「国際化への対応力の向上」

外国人労働者を受け入れることは，その家族をも受け入れることにつながります。壮年の労働者のみならず，その家族として，お年寄りや子供たちを地域や学校に迎え入れることによって，外国人との交流が活発化し，日本人の国際化対応力も同時にアップします。少子高齢化に歯止めがかからない今日の日本において，社会の活性化につながる外国人労働者の受け入れは，是非とも行うべきであると主張します。（約1000字）

2　否定側質疑（1分）

否定側　これから否定側質疑を行います。よろしくお願いします。

肯定側　よろしくお願いします。

否定側　まず，厚労省資料の出典を教えてください。

肯定側　厚生労働省HP「日本の人口の推移」からです。

否定側　少子高齢化が進んでいることはわかりましたが，65歳以上の人は働けないのでしょうか。

肯定側　もちろん，健康であれば何歳であっても働くことは可能です。

否定側　外国人の人はすべて日本語が話せるのでしょうか。

肯定側　それも人によると思います。

否定側　以上です。ありがとうございました。

3　否定側立論（3分）

否定側立論をはじめます。定義・プランは肯定側に従います。

日本では現在，外国人労働者受け入れに対するコンセンサスが十分ではありません。証拠資料を引用します。平成11年11月閣議決定より引用開始。「いわゆる単純労働者の受け入れについては，国内の労働市場に関わる問題をはじめとして日本の経済社会と国民生活に多大な影響をおよぼすとともに，送り出し国や外国人労働者本人にとっての影響も極めて大きいと予想されることから，国民のコンセンサスを踏まえつつ，十分慎重に対応することが不可欠である」引用終了。

この現状にプランを導入すると，次のようなデメリットが発生します。

① 「日本人労働者の賃金低下」

　現在，日本では外国人労働者が急増しています。証拠資料を引用します。「外国人の雇用状況」の届出状況によれば2017年10月末現在の外国人労働者数は約128万人で，前年同期比19.5万人，率にして18%の増加で，2007年に届出が義務化されて以来，過去最高を更新しました。

　プランを導入すると，ただでさえ過去最高を記録し，どんどん増えつつある外国人労働者がさらに増加していきます。そうするとさまざまな職種で日本人労働者との競合が起こり，労働力は買い手市場となって，労働者の立場が弱くなり，賃金の低下が起こります。

② 「社会のストレス増加」

　外国人にとって言葉や習慣の違いは大きく，在日期間が長引くほど集住していく傾向にあります。そうすると，受け入れる社会の側にストレスがたまります。

　第一に，外国人の犯罪の増加が心配されます。警察庁統計（2015年）によれば，在日外国人の国籍等別検挙状況は，中国32.3%，ベトナム23.2%，ブラジル9.9%，フィリピン6.1%と，外国人雇用状況（図5参照）とほぼ一致しています。このことは外国人が増えると外国人が絡む犯罪も増えることを意味しています。

　第二に，学校における教員の負担の増加が懸念されます。文部科学省資料によれば，日本語指導の必要な児童生徒数は2015年現在，約3万人に達しており，この人数はプラン導入によってさらに増えることは確実です。また，言葉や習慣の違いによるトラブルも想定されるので，教員にとっての負担はさらに増すものと想定されます。ただでさえ，教員の労働条件の悪さが問題となっている今日，その労働条件をさらに悪化させることが目に見えているこのような政策導入によるデメリットは深刻で，断じて導入すべきではありません。（約1000字）

4　肯定側質疑（1分）

肯定側	これから肯定側質疑を行います。よろしくお願いします。
否定側	よろしくお願いします。
肯定側	まず資料（閣議決定）の原本を教えてください。
否定側	「第9次雇用対策基本計画」（平成11年8月13日 閣議決定）です。
肯定側	外国人労働者が増えるのはどの分野でしょうか，
否定側	とくに増えると考えられるのは，主に単純労働といわれる分野で，建設業，製造業，サービス業などであろうと考えられます。
肯定側	日本人と外国人の被検挙人比はいくらでしょうか。
否定側	警察庁統計では94.6：5.4です。
肯定側	日本語指導の必要な人はすべて外国人なのでしょうか。

否定側　日本人の中にも日本語指導が必要な場合があります。
肯定側　ありがとうございました。これで肯定側質疑を終わります。

5　否定側第1反駁（2分）

これから否定側の反駁をはじめます。反駁は全部で3点あります。

- 1点目，肯定側のいうように確かに今日本では少子高齢化が進んでおり，労働力が不足しています。しかし潜在的な労働力である女性や高齢者の活用が進んでいません。高齢者の定義は65歳以上ですが，周りを見回しても65歳以上で元気なお年寄りはたくさんおられます。安易に外国人労働力に頼るのではなく，まずこれらの潜在労働力の活用をはかるのが先決です。

- 2点目，日本において労働力不足がとりわけ顕著なのは建設業，介護・医療などのサービス業など一部業種で，いわば木を見て森を見ずに騒ぎすぎです。また3K（きつい・汚い・危険）職場は日本人に対してのみ3Kであるのではなく，よりよい労働条件を求めて人は移動しますから，外国人労働者も最初はそこからはじめるとしてもやがて移動していきますから，その意味で，3K職場の労働力不足が解消されることはありません。外国人労働者の総数は120万人であり，日本の労働力人口（6700万人）からすればわずか1.8%にしかすぎず，日本全体の労働力不足は解消しません。

- 3点目，言葉や習慣に壁を感じる外国人は互助のためにどうしても集住しがちとなり，そこでは日本人との交流が芽生えるというよりも，むしろ私たちが立論で述べたストレスの方が大きく，デメリットの方が大きいといえます。

6　肯定側第1反駁（2分）

これから肯定側の反駁をはじめます。反駁は全部で3つあります。

- 1点目，まず否定側の論理は矛盾しています。否定側は肯定側の主張するプランの導入によっては「労働力不足の解消」は起こらないといいました。しかし，労働力不足が解消しないのなら，労働力市場では供給不足となって賃金の上昇は続きます。

- 2点目，否定側は「在日外国人の国籍等別検挙状況」と「在日外国人労働者数」が比例関係にあることから，在日外国人労働者が増えれば犯罪も増えると主張しました。しかし，人口が増えるにつれて犯罪が増えるのは当然で，日本人にもいえることであり，何も外国人に限ったことではありません。

■ 3点目，否定側は学校における日本語指導の必要性の増大を主張しますが，日本語指導が必要なのは，何も外国人だけではありません。文科省資料「教育関係職員の定員の状況について」（2017年5月30日）5) によれば，直近の6年間で見てもその数は1.62倍も増加しているのに対して，外国人の場合はわずか1.02倍にすぎません。むしろ日本語指導の必要性は日本人児童・生徒に対してこそ喫緊の課題なのです。

以上，第1反駁まで。

第2反駁はアドリブで行うことを想定しているが，もちろんここでディベートをやめてもよい。なお，第2反駁まで行う場合には，新たな議論（メリットやデメリット）を持ち出さないように留意する必要がある。なぜなら，第2反駁での新たな議論にはそれ以後，反論のしようがないからである。

また，ディベートにおいては，試合そのものとは別に，試合が終わって後アフターディベートを行い，議論の全体を肯定側・否定側の双方が振り返ることが学びを深める上で重要である。ゲームとしてのディベートにおいては勝つことをめざすので，当然に自らの弱み（弱点）を隠すことになるが，往々にして真実は，「弱み」のなかに隠れている。それを双方が確認し合うことで，認識は格段に深いものとなっていく。

■ **注記**（各サイトの最終確認日は2019年1月10日）

1) 世界保健機構（WHO）の定義によれば，高齢化率（総人口のうち，65歳以上の高齢者が占める割合）が7%を超えた社会は「高齢化社会」，14%を超えた社会は「高齢社会」，21%を超えた社会は「超高齢社会」とされている。

2) 総務省『情報通信白書』平成28年版，http://www.soumu.go.jp/johotsusintokei/whitepaper/ja/h28/html/nc111110.htm

3) 経済産業省中小企業庁（2017）『中小企業白書』平成29年版，第1部「第3章 中小企業の雇用環境と人手不足の現状」p.76

4) 厚生労働省HP「外国人雇用状況」の届出状況（平成29年10月末現在）http://www.mhlw.go.jp/stf/houdou/0000192073.html

5) 文部科学省（初等中等教育局財務課）資料「教育関係職員の定員の状況について」（平成29年5月30日）http://www.soumu.go.jp/main_content/000497035.pdf

UNIT 08

再生可能エネルギーか自然保護か
AL　えんたくんミーティング

丸茂　哲雄，諏訪　哲郎

太陽光発電ラッシュの山梨県北杜市での論争

1　豊かな自然も再生可能エネルギーも

　2011年3月11日の東日本大震災と，その後の福島第一原子力発電所の水蒸気爆発とメルトダウン。脱原発の流れは確実に進んでいる。また一方で，地球温暖化の進行を抑制するために化石燃料に依存しない社会の構築，脱炭素革命の断行が日本の社会に求められている。その実現のために，まずしっかりと取り組むべきことの一つが，原子力や化石燃料から再生可能エネルギーへの転換である。

　2012年に再生可能エネルギーで作られた電力に対する全量の固定価格買い取り制度（FIT）が制定された。以後，日本でも太陽光発電は急速に拡大し，2018年には全電源供給量の約7％になったと見込まれる。

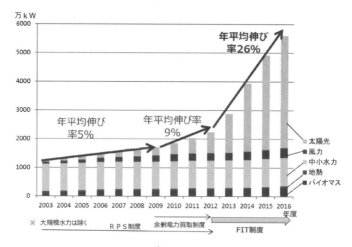

図表1｜再生可能エネルギーの拡大[1)]

風力発電にとって安定した強い風が吹く場所が立地条件としてよいように，太陽光発電では日照時間が長く，しかも冬の積雪が少ない場所が最適地といえる。その最適地といえそうなところが，この章で取り上げる山梨県北杜市である。

② 豊かな自然に満ちた北杜市

　山梨県の北西部，長野県と接する北杜市は，北に八ヶ岳，南西に南アルプスをいただく，「風光明媚」「山紫水明」の四文字熟語がぴったりの地域である。清里高原やサントリー白州工場があり，「南アルプスの天然水」「いろはす」

図表2｜清泉寮での清里ミーティング
（日本環境教育フォーラムHPより）

の生産地と聞けば大方の人は納得するであろう。事実，『田舎暮らしの本』2018年2月号は，「住みたい田舎」のアンケート結果として，北杜市をランキング第1位と発表している。

　北杜市に移住するのは停年退職後の高齢者だけではない。芸術家や有機農業家，ネット環境さえあれば十分という若年層の移住者も少なくない。北杜市の小学校の児童の約2割は移住者の子供たちが占めている。

　日本のフットボールの父といわれるポール・ラッシュが北杜市の清里に設立したキープ協会には日本でも草分け的な自然学校がある。1987年に日本の環境教育関係者がキープ協会の施設・清泉寮に集まって「清里環境教育フォーラム」を開いたことから，北杜市は日本型環境教育の発祥の地ともいわれる。

　毎年11月に開催される清里ミーティングには，日本全国から環境教育関係者およびこれから環境教育を目指す人々が多数集まっている。

③ それでも多くの課題を抱える北杜市

　東京からもギリギリとはいえ通勤圏にあり，豊かな自然に恵まれ，ある程度の移住者のある北杜市。それでも多くの課題を抱えている。

　週末になると，首都圏などからの来訪者が増えて華やいだ賑わいを見せるが，平日のショッピングセンターは高齢者が半分以上。総合病院ではその傾向がさらに強くなる。総人口に占める65歳以上の割合を指す高齢化率はすでにほぼ40％と，全国平均を10％以上も上回っており，このまま推移すると2050年には60％に達すると予想さ

図表3｜台ケ原宿市の広告ハガキ

れている。ただし，北杜市に限ったことではないであろうが，65歳どころか75歳でも超元気という方があふれている。とはいえ，高齢化率の上昇は地域の活力低下をもたらす可能性が大きい。

　逆に，年少人口はこのまま進むと25年後には半減すると予想されている。2013年には4つの小学校が統廃合されて新生の長坂小学校が誕生し，2019年にはさらに3つの小学校が1つに統合されたが，小中学校の統廃合がさらに進む恐れも大きい。地元から小中学校がなくなることは，人口流出を招く大きな要因であることは，すでに日本の各地で実証されていることである。

　市としても若年層のUターンやIターンを期待して，大規模な水耕栽培施設を誘致したり，子育て支援策を強化したり，「豊かな人生を育む生活文化都市」をアピールしたりしている。また，地域の住民が中心になって旧甲州街道沿いの宿場で毎年10月に「台ケ原宿市」を開催するなど，地域に活力を生み出す試みをいろいろと行っている。

4　太陽光発電施設の設置をめぐって

　このような北杜市でここ数年論点となっているのが，太陽光発電施設の設置は是か非かという問題である。

　北杜市は平成の大合併で誕生した市で，もともとは8つの町村に分かれていた。そのうちの一つ旧明野町は，日照時間日本一の町として知られていた。旧明野町のみならず，日照に恵まれ，八ヶ岳に守られて降雪の少ない北杜市は，ほぼ全域が太陽光発電にはうってつけの場所である。2005年に明野中学校に20kWのソーラー・システムが設置されたのち，2007年から2010年にかけて，中央道の西側の約10haの隣接地に，NEDO（新エネルギー・産業技術総合開発機構）による合計1840kWの太陽光発電実証研究施設が設けられた。

　しかし，北杜市が太陽光発電所設置ラッシュに見舞われたのは，前述のFIT制度が2012年に制定されてからである。あれよあれよという間に，あっちのアカマツ林が伐採・伐根されてメガソーラーに，こっちの耕作放棄地にもソーラー・システムが，という具合に，市内の各地に次々と設けられていった。建設ラッシュがこのまま続くと北杜市全域がソーラー・パネルに覆いつくされるのではないかという勢いであった。

　この乱開発を放置したのでは北杜市の財産である「風光明媚」「山紫水明」が失われるとの懸念が各方面から起こり，市でも対策に乗り出した。2014年には指導要綱を作成し，2016年からは景観条例に基づく規制の対象にして適合審査を行うようになっている。しかし，反対する住民は明確な数値基準を定めたより強力な条例の制定を求めている。

　FITによる買い取り価格の低下もあって，北杜市の太陽光発電のための

図表4｜八ヶ岳とメガソーラー

乱開発は徐々におさまりつつある。しかし，太陽光発電設備の認可件数のうち，これまでに導入されたのは6割にとどまっており，ソーラー・パネルに覆われる面積が今後も徐々に増えて行くことは避けられない。

⑤ 太陽光発電施設の増加は是か非か？

　太陽光発電や風力発電の普及は，火力発電や原子力発電への依存から脱するためには必要なことである。その普及に対して，一部の地域だけが協力することで済むわけではない。太陽光発電で有利な条件にある北杜市で，太陽光発電の開発を進めるのは当然のことである。

　太陽光発電施設の継続的な設置拡大を容認する賛成派は，このように考えているであろう。太陽光発電の施設工事や売電による経済的利益からの賛成意見もあるであろうし，雇用創出効果を理由に賛成する人もいるかもしれない。

　一方，太陽光発電施設のこれ以上の設置を抑制し，景観や自然保護を優先すべきという反対派は次のように考えているであろう。

　北杜市の最大の財産は「風光明媚」「山紫水明」であって，それゆえに何とか人口減少も緩やかである。北杜市がソーラー・パネルで覆いつくされたら，新たな移住者を呼び込めなくなるだけでなく，現在の住民も逃げ出してしまうに決まっている。

　両方の意見には，なるほどその通りだ，と納得させられる部分が多い。ただし，確かにそうだが，双方ともやや身勝手な，自分に都合のよい思惑が働いている，と感じる人もいるであろう。

　それでは双方にそれなりの言い分があり，それなりに説得力のある理屈が存在するような難題は，どのように解決していけばよいのであろうか。完全な合意はできなくても，双方が「まあ，そういうところかな」とか，「なるほど，そういった別の解決策があったのか」と納得するような道筋を見出したいものである。

6　競争型ディベートと共創型対話

　北杜市における太陽光発電施設をめぐる問題のように，意見が対立する難題や，解決策が見出せない課題に対しては，議論（discussion）を重ねて，よりよい方向を見出そうとするのが一般的であろう。ただし，一口に議論をするといっても，その目的によっていろいろな方法がある。

　たとえば，個人としての意見や考え方とは関係なしに，論題に対して賛成か反対かのどちらかの立場に立ち，自分たちの立場に有利な材料を集めて勝利に導こうとするディベートがある。このディベートには，それぞれの立場にそれぞれの言い分があることを発見できるという効果も期待できる。しかし，基調に競争の原理があるため，どうしても勝ち負けにこだわってしまうことになる。

　思いついたアイディアを自由に発言することが許され，決して批判されることはないというブレインストーミングでは，頭脳が束縛から解放されることで思わぬ斬新なアイディアが飛び出ることもある。しかし，往々にしてアイディアの競い合いが前面に出てしまう。

　それに対して，持続可能な社会の構築という点で今注目されているのが「共創型対話」である。多田孝志氏は，違いを克服してみんなで新しいものを創り出していくことを目的とする対話を「共創型対話」と名づけ，グローバル化社会，多文化共生社会では特に重要になると指摘している。「共創型対話」では，対話の相手を利害損得を争う対象ではなく，新たな智慧や価値，解決策などを共に創るパートナーとみなし，異質なものとの出会いを好ましく感じる感性を育むようにすることが肝要である。

　学校教育では今日もなお，個人の資質・能力を重視する指導が主体をなしている。しかし，筆者（諏訪）が『学校教育3.0』で主張したように，新学習指導要領でも強調されている「持続可能な社会」を構築するための教育への転換には，競争の原理を根底に据えた資質・能力の重視から脱却し，「共創」を教育の基調に据えることが求められている。幼少時から「共創型対話」の経験を重ねることが，今，求められている。

実践編　えんたくんミーティング

1 「えんたくんミーティング」

「えんたくん」って何？

　「えんたくん」は，直径１メートルの円形の厚手の段ボールのことである。その段ボールを４人から６人が囲んで膝の上に置いて，意見を交わすのが「えんたくんミーティング」である。大事な点は，段ボールのえんたくんの上に同じサイズの紙（えんたくんシート）をのせ，そこに話題に上がった気になる言葉をマーカーで次々と書き留めていくこと。文字でなくイラストで書き込んでもよい。次々と文字やイラストが描きこまれることで，話し合いの経過が「見える化」されて残される。いくつかのグループに分かれて意見交換した後に，それぞれのグループで話し合われたことを発表する際も，えんたくんシートを指し示しながら説明することができる。（書き込まれた文字が横向きだったり逆さであっても気にしない！）時間がたっぷりある場合は，メンバーを入れ替えて同じテーマで，あるいはテーマを変えて話し合うこともある。

　その場合，一人だけ元のえんたくんの場所に残って，前のグループで話し合われたことの要点を説明して新たな話し合いに進むことが多い。えんたくんを囲むメンバーが変わっても，書き残された文字やイラストから前のグループの話し合いで何が話題になったかを知ることができるというわけである。

図表５｜えんたくんミーティング
（日本環境教育フォーラム HP より）

▶ 三つの約束

えんたくんミーティングを進めるうえで重要な約束事がある。「短く話そう」「よく聴こう」「言葉を書き留めよう」の3つである。話に夢中になって、書き留めることを忘れてしまう人がいるが、自分の前のシートに何も書かれていないことに気づくと、次回からは意識してしっかり書き留めるようになる。また、ついつい夢中になって長話をしてしまう人もいる。年配の男性と一部の教員が長話を得意とする傾向が見られるが、この癖も回を重ねるうちに修正されて、話が短くなっていく。

えんたくんミーティングに慣れてくると、より有意義な話し合いになるように、発言の少ない人に発言を促すような場面も生まれてくる。口数の少ない人ほど貴重な情報を秘めていることが多いことに気づき始めるからかもしれない。

2　学校教育現場での広がり

えんたくんミーティングの考案者であるとともにその普及を先導している川嶋直氏（日本環境教育フォーラム理事長）は、KP法やえんたくんといった手法が学校教育の現場に広がりを見せているのは当初の想定外だったと言っている。文科省が学習者主体の学びであるアクティブ・ラーニング重視の方針を打ち出したのとタイミングがぴったりと合ったこともあるが、えんたくんミーティングについて言うと、「誰一人取り残さない」という仕組みが内包されていることが学校教育現場で広がりを見せる大きな理由であるように思う。

競争が基調をなしていたこれまでの学校教育に、今、持

図表6｜小学校の授業で描かれたえんたくんシート

続可能な社会の構築のための共創が求められるようになっている。多田孝志氏が重視する「共創型対話」を生み出す装置として、ハイテクやAIと無縁のえんたくんは学校現場で絶大な役割を果たし始めている。

③「えんたくんミーティング」を取り入れた実践

● 事例1　北杜市と韮崎市の27の小中学校代表による「えんたくんミーティング」

2018年8月8日、筆者（諏訪）は北杜市と韮崎市の教員約400名を前に、「持続可能な社会の構築に向けて〜教育の魅力化から地域の魅力化へ〜」というテーマで話をする機会をいただいた。時間は1時間半と限られていたが、そのうちの30分を使って是非新しいアクティブ・ラーニングの手法を紹介したいと思い、会場の檀上で「えんたくんミーティング」を実施してもらうことにした。

会場のやまびこホールは固定された椅子席で、参加者全員に体験してもらうことはできないが、北杜市と韮崎市の小中学校全27校から1名ずつ壇上に上がってもらい、5〜6人一組で、5つのえんたくんを囲んでもらった。テーマは、「持続可能な地域社会を構築するために、どのような教育が求められるか？」で、時間も20分の話し合いと5分の発表と短時間であった。

会場の参加者にも近くの人同士で同じテーマで話し合ってほしいと伝えたが、それとは別に、檀上での「えんたくんミーティング」のようすをハンドカメラでスクリーンに大きく映し出し、マイクで話し合いの声も拾って、会場に流した。このときに初めて「えんたくんミーティング」という手法を知った教員も少なくなかった。

図表7｜北杜市やまびこホールでのえんたくんミーティング

事例2　須玉小学校での公開授業

「えんたくんミーティング」を紹介した講演会から約3か月後の11月17日，北杜市立須玉小学校で多田孝志氏が主宰する共創型対話学習研究所の研究会が開催された。研究会のプログラムの冒頭が公開授業で，5年生の担任の長田紀美　山田照吾両教諭が行った『総合的な学習』の公開授業では，「えんたくんミーティング」が取り入れられた。

以下，両教諭の授業報告レポートから要点を紹介する。

5年生の総合的な学習の時間の年間を通してのテーマとして「地球を救おうプロジェクト」を設定し，1学期にはグループ単位でさまざまな環境問題を調べ，「地球キッズサミット」を開催し，自分たちにできることを提言し合った。2学期の後半では「二酸化炭素排出問題」に焦点を当て，二酸化炭素を減らす研究をしている地元の高校生を招き，二酸化炭素排出を抑えることの重要性を学んだり，火力発電に頼っている現状を知り，再生可能エネルギーの有効性について学んだりしてきた。そして，「太陽光発電の推進と自然保護のどちらを優先すべきか，という問題から北杜市の未来を考えよう」というのが，この日の公開授業のねらいである。

この公開授業では，子供たちが対話を深めるための手立てとして，「場の設定」を重視している。

最初は，太陽光発電と自然保護のどちらを優先するべきかについて，同じ立場の4人による「えんたくん」を用いたグループ討議を行っている。子供たちは，あらかじめ調べてきたことを発表しながらシートに書き込みつつ話し合いを進め，終盤ではシートをグループ内で閲覧し読み合わせをした後，全体発表を行っている。

図表8｜須玉小学校5年生のえんたくんを囲んだ話し合い

④ 「えんたくんミーティング」に対する評価

　この「えんたくん」を利用した公開授業に対しては，参観者の多くが絶賛していたが，両教諭が授業終了時に児童に対して行ったアンケートの回答からも，充実した学びにつながる授業であったことがうかがわれる。以下，両教諭による「まとめ」ともいえる「明らかになったこと」から抜粋して転記する。

■ 本時の初めでは，「太陽光発電優先派」と「自然保護優先派」はほぼ半々であったが，授業後には「太陽光発電優先」でもなく「自然保護優先」でもない「どちらも大切」という結論をもった児童が30％近くに上った。これは，どちらか二者択一ではなく二つの異なる立場の考えを融合した新たな考えが，対話によって生み出されたことを意味している。

■ 四角い机を寄せ合って話し合いをするのと円形になって話すのとでは，子供にとって思った以上に話しやすさに違いがあるのだろう。直径１メートルの円形という距離感も，子供たちにとってほどよい距離感であった。

■ 自分のノートや考えを他者に見せることに抵抗がある子供でも，「えんたくんシート」は気軽に他者に見せることができるツールであるといえる。また，耳にしたことや頭に浮かんだことを何でも記入していいという自由さも，互いの考えを融合させるのに役立っている。本時でも，「えんたくんシート」には走り書きのようなメモがたくさん残されていた。単に他者の発言をきくだけの場合より，メモをしながら話をきいた方が，記憶に残りやすく理解が深まる。さらに，書いたものは残るため，見返したときに相違点や類似点を見つけやすく複数の考えを融合しやすいというメリットがある。

■ グループや話し合いの場に自分の考えが生かされていたと回答した児童は87.8％であった。この結果からも，多くの児童が対話の場面において自分の考えを述べ，他者と交流することで異なる考えと融合できた実感をもつことができたことがうかがえる。

⑤ 「えんたくんミーティング」を日本中，世界中の学校に

　本章では，小学校5年生が「えんたくん」を活用した対話を通して，二者択一ではなく対立意見を融合した考え方にいたったり，新たなアイディアが生み出したりという，充実した学びを達成した事例を紹介した。

　ハイテクや AI と無縁な円形の段ボールである「えんたくん」が，子供たちの間に「共創型対話」を生み出す魔法のような役割を果たしていることが理解できるであろう。もちろん最初からうまくいくわけではない。「最初のうちは，シートに書き込まれる量も少なかった。でも，3回，4回と回を重ねるとどんどんシートが埋まるようになり，イラストなども加わるようになった」と長田教諭は語っている。

　長田教諭らは「発言のもとになる根拠があれば，子供たちは自信を持って自分の考えを述べることができる。また意見が対立しても相手の意見に流されることなく反論できる。（中略）対話を活性化させるためには，確かな知識の積み重ねが大切だということがわかった」とも述べている。ただし，その知識も，環境問題について原因と解決方法を自分たちで調べ，自分たちにできることを考える過程で身についたものである。

　「えんたくんミーティング」が日本中，世界中の学校に広がることを願っている。

■注記

1) 資源エネルギー庁ウェブサイト「2018―日本が抱えているエネルギー問題」
http://www.enecho.meti.go.jp/about/special/shared/img/77ofb-2b0ll7np.png

■参考文献

川嶋直・中野民夫（2018）『えんたくん革命』みくに出版

諏訪哲郎（2018）『学校教育3.0』三恵社

多田孝志（2009）『共に創る対話力―グローバル時代の対話指導の考え方と方法―』教育出版

UNIT 09

日本の中山間地域の再活性化
AL　ワールドカフェ

栄原　智美

中山間地域の現状

1　中山間地とその役割

　中山間地域とは，山間地およびその周辺の地域を指し，山地の多い日本では，このような中山間地域が国土面積の約 7 割を占めている。もともと，中山間地域における農業は，全国の耕地面積の約 4 割，総農家数の約 4 割を占めるなど，日本の農業の中で重要な位置を占めていた。

　中山間地域の農業・農村が持つ土の流出を防ぐ機能（土壌侵食防止機能），土砂崩れを防ぐ機能（土砂崩壊防止機能）などの多面的機能は，大切な財産である。農業・農村は，私たちが生きていくのに必要な米や野菜などの生産の場としての役割を果たしてきた。しかし，それだけではなく，農村で農業が継続して行われることにより，私たちの生活にいろいろな『めぐみ』をもたらしている。たとえば，水田は雨水を一時的に貯留することで洪水や土砂崩れを防いだり，多様な生きものを育んできた。また，美しい農村の風景は，私たちの心を和ませてくれるなど大きな役割を果たしており，そのめぐみは，都市住民を含めて国民全体におよんでいる。こうしためぐみは，お金で買うことのできないものである。

2　中山間地域の課題

　中山間地という言葉は，現在では，人口の減少と高齢化の進行により社会的共同生活の維持が困難になる可能性のある地域を指すときにも使われており，今日の中山間地域は，人口の減少と高齢化に伴うさまざ

な課題を抱えている。

　このような中山間地域では，地域住民が当たり前の暮らしを送るために日用品を購入する小売店舗の数は減少の一途をたどっている。今後，さらに高齢化が進展していくことが予測されるなか，買物弱者が増大することはもはやどの地域においても必定であろう。やがて深刻なフードデザート問題が生じてくることが予測されている。中山間地域の自立を前提とするならば，こうした課題への対応策を講じていくことが求められる。地域の発展にはいかにして地域を担う人材を確保し，必要とされる地域へ集中的に投入することができるかも重要だといえる。集住化といっても，高齢者が寄り添って暮らすだけでは「持続可能」な地域とはなりえない。

③ 課題解決に求められるもの

　そうした意味合いからも集落支援員制度や地域おこし協力隊制度などの補助人制度は非常に貴重である。民間企業も商売だけで介入してくると，地域社会では受け入れられない。コミュニティビジネスのような地域課題を解決に向かわせるような事業活動が求められる。教育機関がインターンやフィールドワークという形で関わると，地域社会との交流も生まれてくる。活気が生まれ，受け入れ側にもメリットがある。

　各地の中山間地域が情報を共有できるネットワークを構築できるとよい。地域内で生産から消費への経済的な循環を実現することで，持続可能な社会となるよう進むことが好ましい。 地域内の人材だけですべての事業を行うことは困難なので，自分で企画をしたい，自治に関わりたいと考える志のある他の地域の人や学生などの若者が関わることで，違う価値観や感性が導入され，多方面へ広がっていく。また，ステークホルダー（地域社会や行政機関・経営者・従業員・顧客・取引先・金融機関・競合企業他）が連携するプラットフォームをつくっていくことも大切になる。

　農業・農村の持つさまざまなめぐみを支えることが求められることから，

食料自給率の向上と農業・農村の有する多面的機能の維持・発揮のため，多面的機能支払交付金，中山間地域等直接支払交付金等が設けられている。

　これらを活用し，地域振興に取り組み，後発の自治体等から"成功事例"として参考にされ，行政視察が相次いでいる地域が島根県の「中山間地域」である（ⅰ）海士町（ⅱ）邑南町である。課題解決への取り組みが先進的で，これからの日本の環境や未来を考えたときに，参考となる多くの要素を含んでいる。この2地域からは，SDGsにも共通した，限りある大切な地球を考えていく方向性も見えてくる。

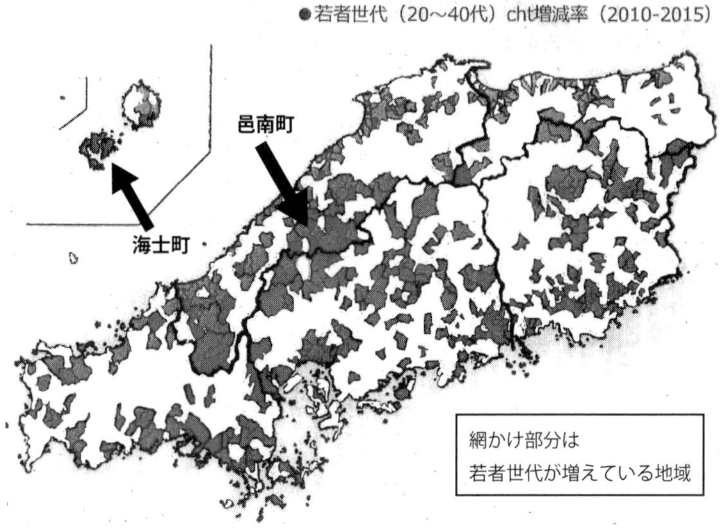

●若者世代（20〜40代）cht増減率（2010-2015）

邑南町

海士町

網かけ部分は
若者世代が増えている地域

図表1｜人口動向分析　（島根県中山間地研究センター有田氏の提供図を一部加工）

　これらの地域においては，2005年から2010年にかけて，一般的な中山間地域などとは対照的に人口の社会増を実現している。海士町は5年の間に島の総人口の5%超の人口が流入。離島地域であるにもかかわらず際立って高い転入者の割合が"成功事例"の所以であると思われる。

　邑南町に関していえば事業所数のみならず，従業者数もまた縮小しており，人口の流入（邑南町は2012年から2014年にかけて0.15%の社会増）があったとしても必ずしも産業基盤の強化につながるわけではな

いことがわかる。しかし，合計特殊出生率2.46人（2015年）は日本国内において特筆すべき数値といえる。日本一の子育て村を目指して，中学卒業までの医療費無料，保育料第2子目以降完全無料，安心な24時間救急受付，ドク

図表2｜霧に包まれた邑南町

ターヘリによる救急対応，病児保育室完備で保護者をサポート，学校図書室の充実などを実施している。また，県立矢上高校へのサポートとして，寮費，バス通学定期補助など保護者の負担軽減と補助授業の講師に現役東大生を起用する等，町内唯一の高校の存続にも力を入れている。

④ 海士町の特色ある事業

　ここでは，海士町で展開されている特色ある事業を紹介する。

　海士町は，他の多くの離島と同様に以降過疎・少子高齢化が進行し，1965年には約5,000人が居住していたが，2001〜2005年には人口約2,500人に減少している。子供の出生数はわずか10人前後となっている。また，離島がゆえに合併も困難であり，国の財政支援は削減の一途を辿り，雇用情勢も徐々に悪化するなど，地域の産業や経済の脆弱化が顕著に現れていた。しかしながら，このような厳しい状況のなかでも，島ならではの地域資源の活用が不可欠との認識に立ち，自立の道を探ってきた。いかにして「外貨の獲得」（＝島外からの資金の流入）をするかに重点をおき，サザエカレーの開発や岩がき「春香」を中心とした商品開発を行ってきた。そうしたなか，官民の垣根を取り払い，農林水産物を核とした産業の活力と雇用の創出を図るため，2005年，その母体となる官民共同による第3セクター「株式会社ふるさと海士」が設立された。

図表3｜小泉八雲も絶賛の鏡面のような港の水面

i　CAS事業部

　海士町では，白いかなどの新鮮な魚介類が採れるが，離島であるが故に，市場に着くまでに時間と費用がかかり，商品価値が落ちてしまう。このハンディを克服するため，CAS（Cells Alive System：磁場を用いて細胞を振動させたまま凍結し，細胞組織を破壊することなく解凍後も鮮度を保つことができる凍結技術）を導入した加工施設の整備を行った。これにより，旬の味と鮮度を保ったまま東京などの大消費地に出荷が可能となった。また，この施設では，特産品の白いか，岩がき「春香」，真鯛などの水産加工と，「いわがきごはん」，「さざえごはん」などの農産加工が行われており，官民を挙げて自ら販路開拓を進めている。

ii　キンニャモニャ事業部

　人（交流），モノ（地域資源），金（外貨獲得），情報（ネットワーク）を集中させることで，需要と意欲を誘発させ，農林水産業と観光業を組み合わせた交流事業を展開するため，外航船（フェリー・高速艇）と内航船が発着する菱浦港に「承久海道キンニャモニャセンター」を開設。待合機能と農林水産物の直売機能を兼ね備えた情報発信・交流施設で，地産地消と交流人口の拡大による地域活性化の場となっている。

図表 4 | 港にあるキンニャモニャセンター，観光案内の中心

iii 活用している地域資源

- 水産物：CAS凍結システムにより鮮度の維持，流通コストの削減による漁業者所得向上。
- 海水から塩づくり：清浄海域からつくり出された天然塩「海士の塩」。
- 地域農産物：家庭菜園から野菜生産・農産加工品販売へ結びつけた。
- 地域高齢者の労働力・技術力。

地域活性化のポイント

「海」，「潮風」，「塩」の3つをキーワードに，「島まるごとブランド化」するという究極のふるさと振興を実現するためには，第一次産業の再生がポイントだった。島内で流通しなかった地元野菜等を，直売所の設置により，生産者に示しながら販売する形態を整えた。地産地消の動きを明確に示すことができ，消費者の意識も高まった。また，生産者グループを設立し，生産意欲の向上や高齢者の生きがいづくりにもつなげた。水産物については，主力商品の白いか，岩がき等の販路の広がりにより，若手漁師等の生産者所得の安定化とともに生産意欲が向上した。また，U・Iターン者を中心に雇用の場の創出や，地域の住民等を多数パートとして雇い，地域の定住対策などに大きく貢献している。

5 世界の中山間地域

i EU の場合

　SDGs の実現を考えた場合，中山間地域についての問題は日本だけでなく，世界を視野に入れて考えていくとよい。

　ヨーロッパの農村地域，なかでも辺境の中山間地域などにおいては，日本と同様，農業者の離農，若年人口の流出，少子化や高齢化，過疎化などが深刻な課題となっていた。人口問題に起因して地元商工業は衰退し，雇用の場の喪失も顕著となっていた。交通アクセスに恵まれない中山間地域などにおいては，都市部へ通勤することも困難な状況であることから，域内にて就業する場を創出することが求められていた。

　欧州では農業生産力と食料自給率の向上を目指して共通農業政策（Common Agricultural Policy）が実施されていたが，国や地域による従来的なトップダウン方式の支援体系では地域ごとに異なる課題に対して適切にアプローチすることができず，結果として農村地域の荒廃を食い止めることができなかった。個々の地域事情に合わせた農村振興戦略を支援する制度設計が求められていた。

ii イタリアのスローフード運動

　農村の存続が危機的な状況を迎えるなか，イタリアでは農村振興の手段として「アグリツーリズモ」に注目した。農業経営者（個人または会社組織）が遊休農地や農舎等を活用し副次的に宿泊施設や飲食施設を営むことを支援する。＜スローフード運動の推進＞画一的・効率的なファストフードに対抗する概念として，食の多様性・地域性を尊重する「スローフード」の語が生み出された。イタリア北部の一部地域で興ったスローフードの概念は，先進国をはじめとした世界各国へと拡大し，各国にスローフード協会が設立された。1989 年に国際スローフード協会を設立し，「スローフード宣言」が採択された。

> ## 『ワールドカフェで学ぶ中山間地域の再活性化』

1 ワールドカフェ方式とは？その特徴は？

ワールドカフェ方式とは「話し合いの手法」の一つである。

ワールドカフェの 3 つの特徴
特徴① 自分の意見を言いやすい。
　カフェのようなリラックスできる空間で緊張しにくく，話しやすい環境で参加者が口を開きやすいという点。具体的には皆の前で発言するより，少人数なので発言しやすい，距離が近く，話を聞いてもらいやすいなどが挙げられる。
特徴② 相手とのつながりを意識できる。
　否定されることはないので，尊重され，対話が活発になる効果がある。
特徴③ 参加者全員の意見や知識が共有できる。
　参加者全員の意見を，テーブルを移動するたびに，直接ではないが知ることができる。
　ただやらされている感覚にならないようにカフェホストは気をつける必要がある。

基本編
ワールドカフェの進め方
　STEP 1 **4 人 1 組で席に着く。**
　　　　　 一つのテーブルに 4，5 人（原則 4 人）が座ります。カフェのような雰囲気であるとよりよい。この人数であれば，話す時間と聞く時間のバランスがとりやすい。
　STEP 2 **一定時間で 1 人を除き席を移動する。**
　　　　　 20 〜 30 分程度の話し合いを数ラウンド行う。ラウンドが変

わるごとに一人を残して全員が他のテーブルにそれぞれ移動。ラウンドごとに別のテーブルの話し合いに参加できることになる。一人残った人は移動してきた人にそのテーブルで進んだ話の内容を伝える。

STEP 3　紙に意見やアイデアを書く。

テーブルの真ん中に模造紙を置き，そこに議論のなかで浮かんできた疑問やアイデアを自由に書き込む。これで，移動してきた人もその前にどんな話がされていたのかわかり，意見も出しやすくなる。

STEP 4　全員で情報を共有する。

最後は全体で情報を共有する。各班，別の話の進み方であるはずなのに，同じ意見になった点については，皆でよく考える。しかし，答えを出すための話し合いではないので，オープンに会話をし，新しいアイデアや知識を生み出すのが目的である。

ワールドカフェ実施上の二つの留意点

1　リラックスした雰囲気で：

目指すは,「カフェ」のような，気楽に，でも真剣味ある話ができる場

> キーワード：否定しない，新しいアイデア，共有，全員に，自由に，いつもと違う雰囲気で，多くの知恵や考え，認識を深める，新たな気づき，相互理解，関係性の質を高める

2　重要な「問い」

「**力強い問い**」について，アニータ・ブラウンとデイビッド・アイザックスは，次のような条件を満たす問いを勧めている。

> ■ シンプルで明確な問い
> ■ 発想を促す問い
> ■ エネルギーが湧いてくる問い
> ■ テーマに集中して探求することを促す問い

- これまでの仮説や思い込みを気づかせる問い
- 理想の状態，新しい可能性を開く問い
- より深い内省を促す問い
- 自分ごととして考えられる問い

　全体を通して一つの問いについて対話を行うのが基本だが，ラウンドごとに問いを変える方法もある。

● 授業実践例：テーマ「中山間地域のあり方，再活性化について考える」
準備しておくもの
①資料(準備できる時はタブレット端末，モニター画面，本)，②模造紙，
③カラーペン

時間：100分

進め方

STEP 1　簡潔にワールドカフェについて以下の説明する。15分
- ワールドカフェとは何か？
- 効果や意義・手順（ラウンドチェンジは？）
- 参加の仕方（模造紙にペンで思ったことや考えたことを書く）
- 進行（タイムスケジュール）休憩が入るのか，各ラウンドの時間は何分なのかなど。

STEP 2　資料を各テーブルに置いて，読んでもらう。20分
　　　　　　資料1：海士町（「立ち上がる農山漁村」選定案概要書）
　　　　　　資料2：中山間地域の現状（本書 p.110-115 のコピー）
　　　　　　資料3：海士町の写真

STEP 3　最初のテーブル（「ホーム」と呼びます）で，20分話し合う。
　　　　　　テーブルの真ん中に模造紙を置き，そこに議論のなかで浮かんできた疑問やアイデアを自由に書き込む。絵でも字でもよい。『話し合い』

STEP 4　各テーブルに一人残り，他のメンバーは他のテーブルへ移動。
　　　　　　「行ってきます」「行ってらっしゃい」ですね。

09　日本の中山間地域の再活性化 | 115

STEP 5 残った人は，新しく来た人たちに，今までの話を伝える。

移動してきた人たちも，先ほどまでいた自分のグループでどんな意見が出たかを話し，更に質問をしたりしながら20分話し合う。『共有』

STEP 6 元のグループに戻る。

「ただいま」「お帰りなさい」ですね。帰ってきたことを喜び，迎えるという気持ちが大切。

STEP 7 元のグループの模造紙を見ながら，元のグループで他のグループでの話し合いを報告する。

同じ意見なども大切に深めながら20分話し合う。『気づきや発見を統合』

STEP 8 終了の挨拶。

最後に，今日参加した人たちへお礼を忘れずに！ **5分**

応用編のための追加資料

① 図書館から海士町の資料を借りてくる。（参考図書一覧あり）参考部分をコピーして，各テーブルへ。学校図書館の活用は新しい指導要領にも記載があり，授業での活用ができると授業が深まる。

② YouTubeで「ないものはない」海士町についてのNHK編を10分観る。一斉にモニターで観る。タブレット端末などが準備できるときは，各テーブル1台ずつで観る。時間は資料を読む時間に含める。

③ 海士町のパンフレットや物産

図表5｜海士町の写真（例）

などを，授業者が準備できるときは追加。応用編のように，カラー版のものや，状況を理解しやすくするための資料があると，更に話が進みやすい。（可能な範囲でよい）

ワールドカフェ方式という名称の由来

　ワールドカフェ方式が開発されたのは，アメリカのA.ブラウン氏とD.アイザック氏が，1995年世界的に関心が寄せられていた知的資本経営に関わるリーダーたちに話し合いをしてもらうため，自宅に招いたときに，雨が降ってしまい外ではできなくなってしまい室内を模様替えし，カフェのような居心地のよい空間をつくり上げ実施。居心地のよい空間で，コーヒーを飲んだり，パンを食べたりしながら，リラックスしたまま自然と会話をし，浮かび上がってくる想いや問いを共有し続けていくような話し合いの場で，結果，多くの知識や洞察が生まれるという効果をもたらした。

　知識や知恵は，オープンに会話を行い，自由に繋がりを持てるカフェのような空間でこそ生まれる，と感じ「ワールドカフェ方式」と名づけられた。

■参考文献

木下斉（2015）『稼ぐまちが地方を変える』NHK

椎川忍・小田切徳美・平井太郎・地域活性化センター他（2015）『地域おこし協力隊』学芸出版社

嶋田洋平（2015）『ほしい暮らしは自分でつくる：ぼくらのリノベーションまちづくり』日経BP

島根県海士町（2018）『2018 海士町勢要覧 資料編』

農林水産省ウェブサイト（http://www.maff.go.jp/）

久繁哲之介（2010）『地域再生の罠』筑摩書房

山崎亮（2011）『コミュニティデザイン：人がつながるしくみをつくる』学芸出版社.

山下祐介（2012）『限界集落の真実：過疎の村は消えるか？』筑摩書房

吉本哲郎（2008）『地元学をはじめよう』岩波書店

中山間地域等の自立的・持続的発展に資する取組みと 産官学民金連携方策検討調査報告書 2016年2月 中国経済連合会 株式会社日本政策投資銀行 中国支店：株式会社日本経済研究所 前田幸輔 （https://www.pref.shimane.lg.jp/life/region/chiiki/chusankan/chusankan-jyourei/teigi.html）

UNIT 10

ライフサイクルで評価する環境負荷

AL　アセスメント・シミュレーション

海老原　誠治

LCA で考える環境負荷

1　製品の一生で考える環境負荷

　ライフサイクル アセスメント（Life Cycle Assessment；LCA）とは，製品やサービス・生活にともなう全過程（プロセス）に関わる環境負荷を総量で評価する手法である。実際の評価では，「原材料調達（採掘・梱包・流通）」〜「製造（製品製造・梱包材・輸送）」〜「流通（製品管理・店舗での陳列）」〜「使用（使用に伴う環境負荷・管理に伴う環境負荷）」〜「廃棄（焼却・埋立・リサイクル処理）」など，生活において製品・サービスを受益することによる環境負荷を，製品やサービスの各プロセスにおいて投入または排出される資源およびエネルギー等の環境負荷の総和で表す（図表 1 参照）。

製品・サービス	原料調達	製造	流通	使用	廃棄
電球	・資源採取 ・精錬 ・加工	・部品加工 ・組み立て ・梱包	・輸送 ・店舗管理	・点灯 （電力消費）	・分別 ・埋立処理
自動車	・資源採取 ・精錬 ・加工	・部品加工 ・組み立て ・梱包	・輸送	・運転 （燃料電力消費）	・分別 ・埋立 ・リサイクル処理
冷凍食品	・食材の育成 ・養殖 ・捕獲	・食材料理 ・梱包 ・冷却	・輸送 ・店舗管理 ・冷凍保管	・冷蔵庫での保管 ・調理	・焼却 ・埋立処理
食器	・鉱石採取 ・粉砕	・成形 ・加工	・輸送 ・店舗管理	・洗浄	・分別 ・埋立処理

図表 1｜製品のライフサイクルプロセスの事例（筆者作成）

② LCA が評価する環境負荷の種類

LCA の評価では，資源消費・地球温暖化・オゾン層破壊・酸性化・富栄養化・大気汚染・人間毒性・生態毒性・海洋汚染など，多岐にわたる環境負荷が評価対象となり得るが，主な指標としてウォーターフットプリント（Water footprint；WF），カーボンフットプリント（Carbon footprint of Products；CFP），マテリアルフットプリント（Material footprint；MF），資源端重量（Total Material Requirement；TMR）などがある。

i ウォーターフットプリント（WF）

水に視点をあて評価した LCA。一般に農作物では，負荷が高い。また一見，水を使用していない電子回路などの製品においても，洗浄などの製造工程に起因する水質汚染でも負荷となる。ご飯であれば，苗から育て炊くまでに，食べる重量に対し，水の負荷は約 1,000 倍以上となる。バーチャルウォーターと近い概念である。

ii カーボンフットプリント（CFP）

地球温暖化ガスに視点をあて，CO_2（＝カーボン・ディオキサイド：二酸化炭素）の重量換算で評価した LCA。石油や電力など，直接および間接的に化石資源・バイオマスを消費する電力など多くのエネルギー消費や，石油化学製品，廃棄物の燃焼など，生活に密接なさまざまな事象が環境負荷となる。水道水の使用も，ポンプの電力・排水処理による負荷をともなう。また，酪農や肥料などから生じるメタンなども，大きな要因である。

iii マテリアルフットプリント（MF）

生活や消費に関わる環境負荷を，非金属鉱物・金属鉱物・化石資源・バイオマスなど，関わった天然資源投入量の総重量で評価した LCA。その際，製品自体の重量に加え，製造で投入したエネルギーも燃料の重

10

10　ライフサイクルで評価する環境負荷　｜　119

量換算で合算する（一次資源換算量）。また，生産地がどこであれ，資源投入量は国境をまたぎすべて計上する。国全体や国民一人当たりの全生活において消費された総資源を計る指標として用いられることもある。

iv　資源端重量（TMR）

金属など直接利用する資源の採掘にともない，排出される岩石や土石・水の使用，伐採される森林など，影響した多くの物質の総量を評価したLCA。たとえば1gの金の利用には，その1,100,000倍（約1t）の岩石を採掘しなくてはならないが，採掘により環境が破壊されると同時に，選鉱した金1gを引いた残りのほぼ1t（残渣）がそのまま廃棄物となる。経済的に流通せず，製品を受益するものの目に触れられないため，『隠れた物質フロー量（hidden materials flow）』と呼ばれる環境負荷を含めた評価である。関与物質総量とも呼ばれる。ちなみに，金属資源採取にともない破壊される環境負荷が，銀；48,000倍，銅；360倍，鉄；8倍である。

3　選択とトレードオフ

環境行動においては必ずしも，複数の視点の環境負荷に対し，同時に有効とは限らない。携帯などの充電池において充電容量や充電効率が上がり，また，モーターの効率を上げるための強力な磁石などにおいて，消費電力などのエネルギー負荷が低減する一方，環境負荷の高いレアメタルなどが用いられ，原料調達段階における自然破壊や汚染などの環境負荷が高くなることもしばしばである。このとき，温暖化と森林の減少・大地の汚染は独立した環境問題であるため，どちらの優先順位が高いかは断言できない。このように，ある選択により，環境負荷が低い側面と同時に高い側面が生じた状況はいわゆるトレードオフであり，選択には注意を要する。この場合，LCAにより俯瞰的に環境負荷を検討したうえで，環境行動を選択することが必須である。

④ 環境効率における LCA の活用と，3R，RRRDR

環境行動においては，あらゆる環境負荷を横断的に判断された選択が必要であり，LCA を通じ，効率にもとづく優先順位が存在する。リサイクルでは再資源化・再製造において負荷が必須であり，小さくはない。3R における優先順位は以下の通りである。

リデュース ＞ リユース ＞ リサイクル

より環境効率を高める具体的行動モデルとして，リユース部分をより分類した RRRDR が示されている（図表 2 参照）。

○ **R**educe ；抑制・長寿命
○ **R**euse ；再使用
　　› **R**emanufacture(再製造) ；部品毎に、耐久性を管理し、
　　　　　　　　　　　　　　　　 回収、再構築
　　› **R**efurbishment (改修) ；新たな仕様として加工する
　　› **R**epair 　　　 (修理) ；破損を補う
　　› **D**irect **R**euse 　(直接再使用)；譲渡や共有・貸し出し
○ **R**ecycle ；再資源化

図表 2 | 3 RとRRRDR（筆者作成）

⑤ 機能単位

服が動きを妨げず，肌を隠すだけの機能であれば，薄地の布で十分である。しかし，冬をしのげるような体温の維持を考えると，要求される機能が変わる。さらにファッション性や外観を気にする場合，着色や加飾が求められる。製品自体の LCA や，製品間での比較の場合，要求される機能が何かを明確にしたうえで，その環境負荷を判断しなければならない。要求される機能を定め，一定の数値単位で表現して設定したものを「機能単位」という。

> # 生活のシナリオと，LCA によるシミュレーション

① マイバッグとレジ袋を考える

i　シナリオを考える

以下の手順で，各自がライフサイクルのシナリオを想定する。

(a) マイバッグを持つか否か，何枚持ち，各何回使用するか？

(b) レジ袋を使用する者は，2次利用するか？

　　　（ゴミ袋やペットの糞の処理など）

(c) マイバッグ派には，**(b)** で出た利用方法を必要とするか？

ii　概算 LCA で評価する

以下の手順で，シナリオごとに LCA 評価する。

(a) 任意のサイズのレジ袋を想定し，その重量を仮定する。

(b) (a) の重量に，図表3の B の値を掛ける＝レジ袋の LCA

(c) (a) の重量を6倍し，図表3の A の値を掛ける＝マイバッグの
　　 LCA

　　※仮定する素材重量比（面積当）：（マイバッグ／レジ袋～≒6）

(d) (b),(c) を使用頻度で割り，1回購入当たりでの LCA を算出

(e) 2次利用を含めた機能単位で LCA を算出

　■レジ袋をゴミ袋として2次活用→消費は1枚のみ

　■マイバッグと別途ゴミ袋を購入→ゴミ袋＋1回当マイバッグ

iii　検討

(a) どのシナリオが，負荷が少ないか，汎用性が高いか？

iv 期待する気づき

(a) 環境負荷は，消費者の行動により，大きく変わる。

(b) 耐久消費材は，十分に活用しないと過剰品質で負荷が高まる。

(c) Reduce・Reuse など 2 次利用による，負荷の抑制

A：ポリエステル織物，反物，染色品	20.0 kg
B：ポリプロピレンフィルム（OPP フィルム）	2.64 kg

図表 3 | 製造 1kg 当たりで排出される CO_2 の値（kg）[1]

2 食器の使い捨てと，繰り返し使用を考える

i シナリオを考える

以下の手順で，各自がライフサイクルのシナリオを想定する。

(a) 食器は使い捨てか，繰り返し使用か（茶碗を想定）

(b) 繰り返し使用では，各何回使用するか？

(c) どの地域で使用するか？

ii 概算 LCA で評価する

以下の手順で，シナリオごとに LCA 評価する。

(a) 図表 4 の A の値＝使い捨ての LCA

(b) ［図表 4 の C の値／使用回数］＋図表 4 の D の値
　　＝繰り返し使用における使用 1 回当たりでの LCA

iii 検討

(a) どのシナリオが，負荷が少ないか，汎用性が高いか？

(b) 他のシナリオは想定できないか？

(c) 繰り返し使用食器の使用回数が何回以下で，負荷が逆転するか？

(d) 一回洗浄当たり，1.5L 程度の水を消費する。
　　水が汚染された地域，水の紛争地域での価値観はどうか？

10　ライフサイクルで評価する環境負荷 | 123

(e) 食器の代わりに，ラップを使用した食事でのCO_2負荷は，約5g／1回である。生活様式としてはどう考えるか？

(f) 食器の機能は，容器か，容器＋心理的豊かさであるか？機能に豊かさが付加される際，どの程度の環境負荷を許容するか？

iv 期待する気づき

(a) 環境負荷は，消費者の行動により，大きく変わる。

(b) 耐久消費材は，十分に活用しないと OverSpec で負荷が高まる。

(c) 水の負荷とCO_2の負荷，トレードオフを考える。

(d) 心理的豊かさと機能単位を考える。

使い捨て		繰り返し使用	
A：製造・廃棄処理	0.03kg	C：製造・廃棄処理	1kg
B：1回洗浄・乾燥	0.0kg	D：1回洗浄・乾燥	0.012kg

図表4｜食器一枚当たりで排出するCO_2概算値（kg）（筆者作成）

3 自動車を考える

i シナリオを考える

以下の手順で，各自がライフサイクルのシナリオを想定する。

(a) 購入するか否か？

(b) 購入する場合は，従来のガソリンカーかエコカーか？

(c) 購入した場合，何年使用し，何km走行するか？

(d) 生涯において何台の自動車を，延べ何年間所有するか？

ii 概算LCAで評価する

以下の手順で，シナリオごとにLCA評価する。

(a) 購入と使用によるCO_2負荷を算定

= ［図表5のA or C］＋［図表5のB or D］×総走行距離

※エコカーを選択した場合は水素自動車とする。

(b) 購入と使用による TMR を算定　※Σは各金属の TMR の総和

　　= Σ［［図表6の使用金属量］× ［図表7の対応した TMR］］

(c) 1km 走行当たりの CO_2 負荷と TMR を算定

　　=　［**(a)** or **(c)**］／総走行距離

(d) 生涯にわたる購入と使用による CO_2 負荷を算定

　　=［図表5の A or C］× 生涯での自動車所有年数／買換年数

　　　+［図表5の B or D］× 生涯での総走行距離

※エコカーを選択した場合は水素自動車とする。

(e) 生涯にわたる購入と使用による TMR を算定

　　=（**b**）× 生涯での自動車所有年数／買換年数

(f) 各 TMR の体積換算 = 各 TMR ／ 2.2

※一般的な岩石の比重を，$\rho = 2.2 \text{ g/cm}^3$ とする。

従来カー（ガソリン自動車）		エコカー（水素自動車）	
A：製造・メンテナンス・廃棄処理	10,000kg	C：製造・メンテナンス・廃棄処理	15,000kg
B：1 km 走行	0.2kg	D：1km 走行	0.0kg

図表5｜自動車1台当たりで排出する CO_2 概算値（kg）[2]

従来カー（ガソリン自動車）		エコカー（水素自動車）	
鉄（Fe）	900	鉄（Fe）	1,184
アルミニウム（Al）	180	アルミニウム（Al）	260
鉛（Pb）	20	鉛（Pb）	80
銅（Cu）	10	銅（Cu）	40
白金（Pt）	0.002	白金（Pt）	0.030

図表6｜1台当たりの使用金属の概算値（kg）[2]

iii　検討

(a) エコカーが，環境負荷が低いとはどういう意味か？

(b) エコカーが，環境負荷が高い場合どういうときか？

(c) TMR より換算した体積は，教室どのくらいか？

(d) TMR で算定した土砂（残渣）はどこに行くか，どうするべきか？

(e) 高い頻度で運転すると，全 LCA での環境負荷は上がるが，1km 当たりの環境負荷は下がる。最も環境負荷が抑えられるシナリオ

10　ライフサイクルで評価する環境負荷　｜　125

は何か？

(f) 仮に中古として売却するとしても，毎年，新車を買い換えると
どうなるか？

iv 期待する気づき

(a) 所有自体によるレアメタルや貴金属での環境負荷

(b) TMR と CO_2 の負荷の，トレードオフを考える。

(c) こまめな買い換えによる，消費の増大と製品の飽和

(d) なぜカーシェアリングが有効なのか？

4 スマートフォンを考える

i シナリオを考える

以下の手順で，各自がライフサイクルのシナリオを想定する。

(a) スマートフォンを持っているか？

(b) どの程度の頻度で買い換えているか？

(c) スマートフォンの所有により，PC・携帯ゲーム機などの消費を
抑えられたか？

ii 概算 LCA で評価する

以下の手順で，シナリオごとに LCA 評価する。

(a) スマートフォンの TMR を算定
＝図表 7 を用い，図表 8 の空欄を埋める。

(b) スマートフォンの重量に対し，TMR は何倍におよぶか？
＝ **(a)** ／指定のスマホ重量（図表 8 内）

(c) TMR の体積換算＝各 TMR ／ 2.2
※一般的な岩石の比重を，$\rho = 2.2 \mathrm{g/cm^3}$ とする。

アルミニウム（Al）	50	コバルト (Co)	610
金（Au）	1,100,000	タンタル (Ta)	6,800
銀（Ag）	48,000	白金 (Pt)	530,000
タングステン（W）	200	鉄（Fe）	8
銅（Cu）	360	鉛（Pb）	30
スズ（Sn）	2,500		

図表 7 | 1kg 当たりの TMR の値（kg）[3]

スマートフォン　リサイクル事例で近似するTMR

使われた資源	目的・特性	回収量 (≦ 使用量)		TMRの係数 （倍数）		TMR （関与物質総量）
アルミニウム(Al)	軽くて強く安価、筐体など	19 g	×		=	g
金(Au)	伝導性が比較的高く安定していることから、電気接点や伝導体	0.013 g	×		=	g
銀(Ag)	非常に伝導性に優れているが、硫化物に弱い	0.07 g	×		=	g
タングステン(W)	非常に密度が高く、バイブ機能のおもりに使われる	0.035 g	×		=	g
銅(Cu)	酸素に弱いが、伝導性高く、安価なため電線などの伝導体	8 g	×		=	g
スズ(Sn)	液晶ディスプレーの透明電極、IC	0.55 g	×		=	g
コバルト(Co)	リチウムイオン電池など	5.5 g	×		=	g
タンタル(Ta)	コンデンサ	0.025 g	×		=	g

重量とサイズ
- 高さ：138.1 mm
- 幅：67.0 mm
- 奥行き：6.9 mm
- 重量：129 g

TMRの総計 （重量）	g
スマホ重量の	倍
TMRの総計 （体積）	cm³

図表 8 | ワークシート：スマホの TMR を考える（筆者作成），1kg 当たりの TMR の値[4]

iii　検討

(a) TMR より換算した体積は，500ml のペットボトル何本分か？

(b) TMR で算定した土砂（残渣）はどこに行くか，どうするべきか？

(c) 組成が同じと仮定した場合，ノート PC やタブレットの TMR はどの程度か？

(d) スマートフォンの所有により，PC・携帯ゲーム機などの消費を抑えられたか？

(e) スマートフォンの所有により，得た便益は何か。また得た便益のうち，スマートフォンがないと得られない便益は何か？
スマートフォンがなくとも得られる便益は何か？

(f) スマートフォンがなくとも，迂回策により便益が得られるとき，スマートフォンを介した場合と迂回した場合の便益の質は，どのような違いがあるか？

(g) スマートフォンがない場合，生じる機会損失は何か？

(h) スマートフォンの所有により，得た精神的な豊かさは何か？

(i) 主要産地と，産地で起きていることを調べる。「金採掘・金鉱山・子ども・児童・水銀」・「紛争鉱物・コンゴ」などで検索。

(j) スマートフォン同様に，アクセサリーも貴金属を多く消費する。金でできた4gの結婚指輪の事例でのTMRを考察してみる。

iv　期待する気づき

(a) レアメタルや貴金属における環境負荷の高さ。

(b) 自分たち自身により，どれだけの環境影響をおよぼし，他人が住む生活環境を破壊，労働・紛争により人権をも侵害しているのか？

(c) 物質的豊かさと環境負荷を考える。

5　資源消費を抑えた社会を考える

製品・サービスの提供と消費には，投入される資源と排出物に応じて環境負荷が生じる。経済活動に対応して環境負荷が生じている状態をカップリング（Coupling）という。このとき，資源の流れが一方通行で直線的一方，経済構造をLiner Economy（ライナーエコノミー）という。RRRDRなどを導入し経済活動と環境負荷抑制をの両立させる試みがCircular Economy（サーキュラーエコノミー）である（図表9）。図表9は，資源の流れと量が，矢印の方向と太さで簡略化されたモデルである。矢印の方向と数が変わった分，資源が循環し環境負荷が抑制される一方，

産業と経済は維持できる。この状態をデカップリング（Decoupling）という。ただし，資源循環や再加工自体にも投入されるエネルギーなどにより資源が消費されることにも，留意を要する。

前記を踏まえ，今後の生活・労働・労働時間に関し，議論する。

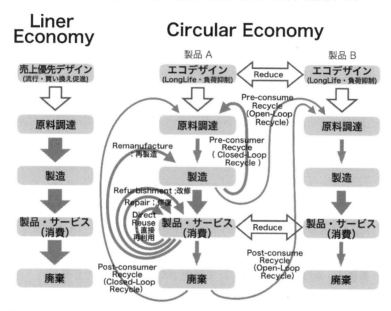

図表9｜Liner Economy と Circular Economy（筆者作成）

■注記・参考文献

1) カーボンフットプリント制度試行事業 事務局（2010）『カーボンフットプリント制度試行事業 CO_2 換算量共通原単位データーベース ver.4.0（国内データ）』，経済産業省
2) TOYOTA 「The MIRAI LCA レポート」
(https://www.toyota.co.jp/jpn/sustainability/environment/challenge2/lca-and-eco-actions/pdf/life_cycle_assessment_report.pdf, last visited, 29, October 2018)
3) 原田幸明・醍醐市朗（2011）『「都市鉱山」開発』，日刊工業
4) Apple 『環境 - 資源（2017年度）』
(https://www.apple.com/jp/environment/resources/, last visited, 17,November 2017)
上原恵美，畠中智史，中谷隼，菊池康紀，高岡由紀子，平尾雅彦（2017）『消費者のライフサイクル思考能力向上のための環境情報提供方法の開発』『Journal of Life Cycle Assessment,Japan』Vol.13, pp.332-348

UNIT 11

市民参加による協議　役割体験による状況理解
AL　ロール・プレイング

棚橋　乾

1　市民参加による協議

i　テーマの解説

　行政の意思決定に際して，ヒアリングなどを通して市民が意見を述べたり，協議会に参加したりする機会が増えた。市民参加型まちづくりという言葉もよく聞かれる。また，地域の活動について，市民相互が話し合って決定する機会もある。いずれにしろ，話し合って合意形成できる市民の育成や，市民による調査や計画づくりを行うことが成功事例に共通する特徴となっている。市民参加で行う町おこしの取り組みなど，持続可能な社会づくり・地域づくりを ESD として学ぶことは，持続可能な社会づくりを担うこれからの市民を育てるうえで重要なことである。

● 事例1　地域資源を活用した景観街づくり　新潟県村上市

　村上は城下町であり，町屋などの歴史的資源が数多く残っている。しかし，資源は十分に活かされておらず，商店街が衰退していた。そのようななか，住民の手により，町屋内部の公開を主体とした「町屋の人形さま巡り」「町屋の屏風まつり」が開催され，町に活気がよみがえってきた。城下町らしい景観を再生させようと「黒塀プロジェクト」が開始され4年間で270m の黒塀を再生させた。[1]

● 事例2　市民による「わがまちのシンボル樹」調査　兵庫県神戸市

　市のシンボルツリーを増やし守る計画。これまでの同様の調査は行政や専門家による既知の樹木を整理するトップダウン型調査であった。本調査は，地域住民が地域の樹木を調査することからはじめるボトムアップ型調査であり，まちづくりの本義でもある住民の参加がはかられている。[2]

② ロール・プレイングと指導方法

i ロール・プレイングの概要

　ロール・プレイング（role-playing）は，役割演技または役割体験といわれるアクティブ・ラーニングの指導方法である。略してロールプレイまたはロープレといわれることがある。1960年代は劇化として，シナリオ通りに参加者が役柄（role）を演じ，今後遭遇する場面に慣れることを目的とした。シナリオや演技指導があり，役者は演技を通して人の考えや感情変化といったものを疑似体験し，状況理解を深める指導に活用された。企業などの接客研修として接遇を学ぶ際に活用されたり，小中学校での指導などが例として挙げられたりする。

　また，参加者の自由度が求められる場合もある。小中学校の道徳では，役割体験としてシナリオ通りにセリフを語り演技するのではなく，役割を自発的・創造的に演ずることを重視している。幼児のお店屋さんごっこ遊びなども同様である。このロール・プレイングでは，わざとらしい演技や劇的であることを求めるものではない。主題や大まかなシナリオに合わせて自発的にセリフを考え，他の役者の発言や演技に柔軟に対応することが求められる。

　また，市民や行政の立場を疑似的に体験した話し合いを行うことで，場の状況理解を深めたり，市民感情を理解したりすることができる。協議を進める上で，他の参加者の意見や感情を推察しながら，自己の主張を行えることは有効な合意形成能力の育成となる。

　さらに，課題の背景や役柄の主張内容などを事前に調べた上で参加すると，議論が深まる。議論後に振り返り内容を発表するなどすると，全体の流れはPBL（第14章参照）と同様にとらえることができる。

ii ロール・プレイング指導の流れ

a 主題の設定

　主題の設定によって，学習者の集中力や参加意欲を高まりが異な

る。主題設定の要件として考えられることは次の5点である。

- 児童・生徒の関心があること
- 参加者の共通体験があること
- 表現が容易であること
- 発達段階にあった主題であること
- 演じることで新しい発見があること

b 実施過程

実施過程は以下の3段階である。役割演技の抵抗感を和らげるために，ウオーミングアップで自己紹介や課題について意見を述べ合ったり，資料探しやインタビューを行ったり，振り返りによって学習効果を高めることができる。[3]

段階		過程	学習者
I	役割表現に慣れる	ウオーミングアップ	役割表現，生活再現
II	問題への気づき	主題の設定	問題の発見と意欲，吟味
III	役割実現に努める	主題の追及，振り返り	役割の実現，定着

c 学習成果や注意点

ロール・プレイングによっては次の成果が期待される。

- 合意形成や他者受容の能力が高まる
- 与えられた課題に対する理解が深まる
- 多様な価値観について理解が深まる

環境教育・ESD としてロール・プレイングを活用する場合の注意点として，期待された役割の演技ではなく，役割を主体的・創造的に演ずることや，うまく劇にしようと思わない，用意された筋書きではなく，自分の判断で演ずることを事前に指導することで，役割になりきった発言ができるようになる。配役のなかに司会をもうけ，議論が対立したときに，他の参加者に発言を促すなど，調整役として機能させる。さらに，振り返りを個人とグループで行い，自己の考えや意識の変容を記録する。

③　環境問題を中心としたロール・プレイングの例

　持続可能な社会づくりでは，合意形成力や他者受容力が求められる。そこで，環境問題や地域の課題，また，持続可能な社会づくりに関わる課題をもとに協議する，いくつかの主題例を示した。どの事例も環境・社会・経済の間のジレンマをどのように乗りこえるか，正解のない判断や落としどころを決めるよう迫っている。条件などを追加してもよい。

a　過疎地の山林を活用したエネルギーの地産地消施策に対する市民の協議

概要

　過疎化し荒廃する山林の有効活用と，地球温暖化防止への取り組みとして，町が掲げる間伐材を燃料とするバイオ発電所の建設と活用について協議する。発電所の建設費用やランニングコストと間伐材の安定した供給方法，地域の必要な電力量と発電量についての計算など，課題は山積している。少子高齢化の問題や林業の跡継ぎ不足の問題など，山林保有市民の意向も無視はできない。社会全体の目的や利益と，個人の利益との落としどころを見つけ，バイオ発電による持続可能な社会づくりに貢献できるだろうか。バイオ発電を地熱発電所に置き換える場合は，参加者に温泉経営者と景観保護論者の有識者を加える。

参加者

市行政担当者・有識者・市内市民・山林保有市民など

b　郊外の産業廃棄物処理場存続に関する市民協議会

概要

　郊外に以前からある産業廃棄物場について，あくまでも移転を求める市民と，ダイオキシン対策などを指導してきた市行政担当者，資金投入して公害対策を進めてきた産廃業者との協議は平行線のままである。合意形成して資源循環型社会づくりに向けた取り組みを示すことはできるだろうか。産廃業者として市民の理解を得るための方策はあるだろうか。

11　市民参加による協議　役割体験による状況理解 | 133

参加者

市行政担当者・産廃業者・地域市民・有識者など

c　外来種であるブラックバスの駆除に関する協議

概要

　　地域にある池には，いつの間にかブラックバスが放流され，人気の
バス釣り場になりつつある。市は自然環境保全の観点から，ブラック
バスを駆除して，もとの自然豊かな水環境に戻すことを計画した。こ
れに対して，バス釣り用の餌や小舟のレンタルをはじめていた業者か
ら反対の申し入れがあった。自然環境を守りたい市民や静かな環境に
戻したい市民と，地域経済を重視する市民がいる。なかには，釣り人
向けの食堂を計画する人も出はじめた。池は保護できるだろうか。

参加者

市環境担当者，地域市民，バス釣り愛好家，釣具店主

d　道路建設予定地に生息する野生生物保護に関する協議会

概要

　　県では，国道間を結ぶバイパス道路を建設して，物流をこれまで以
上に増やし，地域に工場や住宅などの誘致するのことを企画した。しか
し，バイパス道路建設予定地には，オオタカが営巣していることがわ
かった。オオタカは，以前まで「希少野生動植物種」に指定されて保
護対象だった。規制解除後も鳥獣保護法にもとづき，学術研究などを
除き捕獲などが禁止されている。市民はオオタカがいる豊かな自然を
望む保護派が多く，市外から自然保護のNPOなどが多く関心を寄せ
ている。環境と経済のバランスをとる落としどころは見つかるだろう
か。オオタカは持続可能であろうか。

参加者

市行政担当者，市民数名，自然保護系NPO数名，市内工場経営者

ロール・プレイングでの指導事例

　実際の指導では，どのようにロール・プレイングを進めるのか，事例を３つ示す。事例を参考にシナリオをつくり，配役を決めて役割体験に取り組むこともできる。

1　風力発電とゾーニング

i　ウオーミングアップ

　簡単なアイスブレイクゲーム後，風力発電の特徴や導入に対する一般的な賛成・反対意見の資料を読む時間を設けた。時間のある場合は，事前学習で学習者が役柄の考えや主張内容を調べてから授業に臨むことで議論が深まる。

ii　シナリオ

　市が導入を計画している風力発電設置の経緯についてシナリオを読む。配役は学習者の希望またはくじ引きなどで決める。
- A市で行われた市長選挙において，地球温暖化防止とエネルギーの地産地消を掲げた候補者が当選した。
- 市長部局では，早速具体案の策定に取り掛かり，大型風力発電の導入案を決定した。
  また，風の強さ，人口が密集していない地域，工事しやすい市有地などの条件から，風力発電を設置する場所の案３つを示した。
- 風力発電設置協議会には，司会者，市担当者，３つの地域市民，有識者の６名による事前協議が行われる。
- 参加者のうち，設置候補案にある市民代表は，地球温暖化防止は総論として賛成であるが，自己の居住地近くに置くことは各論反対の姿勢

11

11　市民参加による協議　役割体験による状況理解 | 135

を示している。

iii 参加者（配役）

市担当者　市担当者として大型風力発電機の設置案を示す。
有識者　風力発電の長所短所を求めに応じて解説する。地球温暖化防止に対する個人的な意見も述べる。
市民A　風の強い丘陵地区に住んでいる。自分の住んでいる地区への設置に反対する。
市民B　大きな河川の近くに住んでいる。風が強く住宅から少し離れている。自分の住んでいる地区への設置に反対する。
市民C　市内の開発計画が中止となった空き地の近くに住んでいる。土地は整地され工事費が安い。自分の住んでいる地区への設置に反対する。

iv 実際の進行例

司会　これからA市の風力発電設置協議会をはじめます。みなさん自己紹介をお願いします。
司会　では市担当者より、事業の説明をお願いします。
市担当者　新市長の考え、風力発電のメリット、ゾーニングとして考えている3地区の特性などについて説明する。

図表1｜話し合いのイメージ

有識者　風力発電の長所短所を述べる。
市民A　何世帯分の発電量があるのか。風がないときはどうするのか。安全性は確保できているのか。数値データで示してほしい。
市民B　騒音や野鳥対策案を示してほしい。
市民C　つくるのはよいが、安全性に疑問がある。対応策を具体的

に示してほしい。

V 風力発電に関する資料の概要

　風力発電は，風車を回して電気をつくっている。日本では北海道や秋田県・静岡県・鹿児島県などを中心に風力発電所が設けられているが，まだ設置数は海外に比べて少ない。原子力発電と異なり，風力発電には賛成・反対の明確な対立構造はない。世界的には賛成派の方がメジャーで，反対派はマイナーである。

　その大きな理由の一つが風力発電は再生可能エネルギーであること。火力発電のように二酸化炭素を排出せず，また燃料を使うわけではないので枯渇の心配もない。

特徴

　風の力で回して発電する風力発電は，風の運動エネルギーの約4割を電気エネルギーに変換することができる。建設費用が下がり，大型化すればするほど発電量が増えコストパフォーマンスに優れるなど，長所・短所は明確にする。

長所

- 火力発電のように大量の二酸化炭素（温室効果ガス）を排出しない。
- 事故が起きても原発のように広範囲に甚大な影響を与えることがない，など。

短所

- 発電量が安定しにくい。
- 台風などの過度に強い風に耐えうる耐久性が求められる，など。

vi 振り返り

　主題に対して2つの視点から振り返りを行った。

- 設定された主題では何が問題だったと思いますか。
- 今回のロールプレイを通して発見したことは何ですか。

11　市民参加による協議　役割体験による状況理解 | 137

vii 振り返り例

市民

- 温暖化防止は大切だが，市民には家庭や子供があり，安全性に敏感である。温暖化防止は理解できても，最後まで自分の地区に建設することは賛成できなかった。健康面での被害がないデータを示すなど，市民の立場に立って不安材料を一つずつ消す努力が必要なことを，役を体験して感じた。

有識者

- メリット，デメリットともに知識があって議論できることだと思った。市民感情って難しい問題だと実感した。実際のデータなどを事前に調べて話し合いに臨まないと，中途半端なロール・プレイングになってしまうと感じた。

市担当者

- 具体的な数値を聞かれて困ったが，確かに説明のときには必要なデータであると思った。納得できる具体的なデータが示せないと話が進まない。

2 SDGs カードゲームでの役割体験

i ゲームの概要

カードゲーム「2030 SDGs」はSDGs17の目標を達成するために，現在から2030年までの道のりを体験するゲームである。[4]このゲームはSDGsの目標を一つ一つ細かく勉強するためのものではない。「なぜSDGsが私たちの世界に必要なのか」や「それがあることによってどんな変化や可能性があるのか」を体験的に理解する内容となっている。

ii 参加人数・プレイ時間

最小5人から50人程度だが，世界を複数同時に走らせパラレルワールドをつくることで最大で200人程度まで同時プレイできるように設計されている。プレイ時間は約1時間，ゲームの後の解説と振り返りを含めると最短90分から，通常は2.5時間程度となっている。

iii ルール

与えられたお金と時間を使って，各グループに与えられたプロジェクト活動を行うもので，グループ間で時間やお金の交換や交渉を役割体験として行い，最終的にゴールを達成する。

ゴールには「環境保護の闘士」という環境を第一に考える人や，「大いなる富」というお金が一番大事という価値観を持った人や，「悠々自適」という時間がゆったりたっぷりあるのが幸せだという人などの複数の目標がある。つまり，現実の世界と同じように，ゲームの場の世界にもさまざまに異なる多様な価値観持った人たちがいることがわかる。交渉したり，どのようにプロジェクトを進めるかグループ内で協議したり判断することも，プロジェクト担当者としての重要な役割である。

iv 実施例

あるプロジェクトを実行する場合，「使うモノ」としてお金500と時間3が必要となる。手持ちのお金や時間カードが不足する場合は，他のグループと交渉しカードの交換を行う。プロジェクトが成功すると，成果として交通インフラが整備されるため，経済が循環し移動時間が短縮され，「もらえるモノ」としてお金と時間がもらえる。それと同時に次のプロジェクトカードと意思カードが手に入る。

プロジェクトを実行するときには，参加者全員がホワイトボードに貼りつけられたマグネットを共有している。これは参加者全員でつくり出す世界の状況を色別に経済，環境，社会を意味している。実施したプロジェクトカードに，そのプロジェクトが環境・経済・社会に及ぼす影響が数値で示されている。この数値分のマグネットを貼ることで，「世界の状況メーターの変化」に書かれた世界のバランスが変化する。

11　市民参加による協議　役割体験による状況理解 ｜ 139

つまり，どのプロジェクトを行うかで世界の状況が刻々と変わり，参加者全員が行うプロジェクトの結果，2030年の世界が現れてくる。このことを参加者は意識しながらゲームを進めることとなる。

図表2｜ゲームのようす

V　振り返り例

- 世界の現状や社会，経済，環境のバランスの難しさを伝えたい。まず「知る」ということが大切だと思った。また，多様な価値観や多様性，隣の人のことを思いやる，理解できる人になりたい。教師になったら，これからの社会を担う子供たちに協働し，世界の中で生きる力を身につけさせたい。

協力　イマココラボ

3　演劇活動での役割体験

i　中学校の演劇活動　「飛べないヒメちゃんが輝く日」[5]

　演劇活動は，多くの小中学校で行われている。児童・生徒が役になりきって，セリフや動作を考えたり工夫したりすることは，役割演技としてのロール・プレイングである。教員は学級担任として演劇指導をする機会がある。この事例は，中学校2年生が取り組んだ学級劇である。生徒は，河川の清掃活動やゴミ問題を考えるなかで，野生生物の命を守るためにできることは何かをテーマに劇をつくった。ねらいは「エコロジーの視点から故郷を考える」。この世界に存在するすべての生き物が大切な命をもって生まれてくる。生き物が育つ生態系を取り戻すうえで，人間の役割はとても大きい。

ii　あらすじ

　ヒメボタルたちが卵に生を受ける前の話。ヒメボタルたちの魂たちは，

神様から自分たちのホタルの種類と生まれる場所を聞かされる。そして，ホタルの魂たちは，本当に生まれて幸せなのか否か悩むが，与えられた大切な命を精一杯生きようと生まれることを決意する。見どころは，人間活動と野生生物との関係性や，ヒメボタルが励ましあい生きる意味を考え成長する場面がある。

配役：神様，秘書，ホタル数名

iii 生徒の感想

命はとても大切です。生きる長さは種によって違いますが，命は平等に与えられたものだと思います。命をつなげていくことは難しいことです。その生き物に合った環境が必要だからです。そして自然環境を守っていくのは人間だと思います。人間が自然を大切にしなければ自然は壊れてしまいます。命をつなぐためには私たちが頑張らないといけないと思います。

図表3｜劇の一幕

■注記・参考文献

1・2）　山梨県大月市資料「全国まちづくり事例」（http://www.city.otsuki.yamanashi.jp/sangyo/machi/files/21-2-2-2.pdf, last visited, 20, June 2018）

3）　千葉ロール・プレイング研究会著（2002）『教育現場におけるロール・プレイングの手引き』pp.19-31, p.43

4）　一般社団法人イマココラボ（https://imacocollabo.or.jp/, last visited, 24, June 2018）

5）　兵庫県猪名川町立六瀬中学校（2017）『兵庫県猪名川町立六瀬中学校ESD研究発表会資料』p.47, 48

UNIT 12

世界の持続可能性を脅かす地球的課題

AL　ダイヤモンド・ランキング

渡辺　理和，渡部　裕司

**「我々が望む未来 (The Future We Want)」に向けた
価値の選択とウェイトづけ**

1　環境教育は地球的課題の不確実性にどう向き合うのか

　近年，世界の各地で強い台風，ハリケーン，局地的大雨，干ばつや熱波などの異常気象や気象災害が頻発している。異常気象によってもたらされる影響は人命や財産，経済・社会活動にとどまらず，自然の生態系や生物多様性への深刻な影響についても懸念される（環境省 2017：1-2）。2018 年に公表された気候変動に関する政府間パネル(IPCC)「1.5℃特別報告書」では，地球温暖化がこのまま進めば，早ければ 2030 年にも世界の平均気温が産業革命以前よりも 1.5℃上昇し，気候変動の影響とそのリスクが高まるとの科学的知見が示された。

　1.5℃の気温上昇でも自然および人間に対するリスクは大きいが，気温上昇が 2℃に達した場合，サンゴ礁や北極域など脆弱な生態系への影響，熱波による死亡や疾病など人間の健康への悪影響，水供給，食料生産（食料安全保障）への影響という点において，そのリスクはさらに増大することが示されている。地球温暖化にともなう極端な気象現象の増加や自然災害の頻発は現代世代のみならず将来世代にとっても深刻な損失やリスクをもたらすことが懸念され，気候変動対策を推進することが急務とされる。

　産業革命以降，地球温暖化をもたらした主要な要因として，人間の活動が関わっていることが明らかにされており，人間の暮らしを支える自然資源の過剰な利用や自然環境の改変に原因があるとされる。自然が本来もつ回復力とその速度が，人間による経済や産業の開発のスピードに追いつかず，限られた資源の奪い合いや環境をめぐる紛争が頻発すれば，

発展途上国では深刻な飢餓や経済的な格差をもたらす。先進国と発展途上国との間で生じる資源または環境リスクの分配の不平等は，発展途上国での水，食糧，エネルギー，教育，ヘルスケアなどへのアクセスを困難にし，気候変動のリスクへの対応力を脆弱にさせ，さらなる問題へと連鎖する。このような問題に対しては，各国による個別の対処では十分に解決できず，国境をこえた連帯を必要とする地球的課題であるとされる。

 地球的課題のコンテクストの可視化

　地球的課題の解決を難しくさせる原因の一つに，地球環境問題の構造の曖昧さが挙げられる。たとえば，地球温暖化は人為的な CO_2 の排出が原因であるものの，CO_2 排出が誰に対してどのような悪影響を与えるのかという因果関係を科学的に証明することはできない。国土が水没の危機に直面するキリバス，ツバル，モルディブなどの小島嶼国では，気候変動にともない故郷での生活を維持することができなくなり，これまでの住み慣れた土地を離れ移住することを余儀なくされている。こうした気候変動難民もしくは環境難民を顕在化させた直接的な原因について，実際に CO_2 の排出国や排出者がどこの国の誰であったかを名指しすることはできない。

　また，グローバルな環境問題の多くは，被害が明らかになるまでに時間差をともなうストック型（蓄積性）の問題であるため，問題の因果関係や個別の責任を問いにくく問題解決のための対策を先延ばしにし，実効的な解決を難しくさせている。問題のつながりの見えにくさ，不可視的な部分の多さが問題の責任の所在をわかりにくくし，最終的には地球環境問題を「みんな」の問題として帰結させる傾向にある（高村 2007：8-10）。地球的課題が抱える不確実性や複雑性について，問題の原因と結果をつなぐ見えない価値をどのように可視化するか，問題と問題との間の文脈的なつながりをどのように見える化するかが，環境教育を進める上での重要な鍵となる。

② 「環境と持続可能性のための教育」を方向づける価値

　地球温暖化にともなう気候変動により洪水や高潮などの水害や，土砂災害が頻発し，人命や財産，経済・社会活動への影響も出ている。世界では熱波や干ばつによる被害が増加し，国内では熱中症による死亡者数が増加傾向にある。温暖化による気候変動リスクへの緩和策に重点を置き，生命，財産，生活や経済の被害や損失をできるだけ最小化し，安全で安心な持続可能な社会の構築がめざされている。環境の持続可能性とともに，グローバル・ヘルス（地球規模レベルでの健康，保健・医療を巡る問題への対策）やヒューマン・セキュリティ（人間の安全保障）も含めたより包括的で統合的なアプローチが必要とされている。

　「環境と社会に関する国際会議」（1997 年）で採択されたテサロニキ宣言では，「持続可能性という概念は，環境だけではなく，貧困，人口，健康，食糧の確保，民主主義，人権，平和をも包含するものである。最終的には，持続可能性は道徳的・倫理的規範であり，そこには尊重すべき文化的多様性や伝統的知識が内在している」と述べられ，この考えが今日の環境教育・ESD へと継承されている。「環境と持続可能性のための教育」の具体的な展望として，環境教育はただ環境問題のみを取り扱えばよいのではなく，環境問題を含めた地球的課題への配慮や対応をも教育の対象にしなければならないこと，持続可能性は道徳的・倫理的規範に依拠すること，さらに文化的多様性や伝統的知識も含めた多元的な価値を認めることが示された。

　健やかな生活（well-being）を充実させるためには，人間の生存の基盤である健全な環境が保護され維持されなければならない。その意味では，環境の持続可能性と個人の生活の質を保障する持続可能な福祉の実現は表裏一体の関係にあるといえる。「よりよく生きる」ためには基本的なニーズとして何を必要とするのか，人間の生存基盤である環境とのつながりをどのように考え，どのような価値を優先させ，どのような未来を望むのか，中・長期的な視野にもとづき持続可能な未来と社会を実現するための価値観が問われている。

③ 環境倫理（理論的枠組み）と環境教育（実践の知）をつなぐ

　倫理学とは，住みなれた場所，習慣，慣習，人柄を意味するギリシア語のエートスを語源とし，生きる構えやふるまいの規範を意味する。従来の倫理学は，人と人との間に成立し社会のなかでの規範を示すものであるが，環境倫理学は倫理の対象を押し拡げ，動物の福祉，動植物や生態系，土地をも含めた自然の権利，将来の世代に配慮した世代間倫理，先進国と発展途上国との間での資源の分配の正義を問う世代内倫理などの理論的枠組みを提供している。私たちは自分の生活の周縁にある問題については，その重要性とともに問題の構造や性質を理解しやすいが，地球的課題の原因と結果というつながりや，環境倫理学で問題になる「どこか遠くの国の誰かのため」や「（将来の世代，動植物や土地などの）声なき声」への配慮については無関心になりがちである。「どこか遠くの国の誰か」や「社会に対して声が反映されにくい人々や生きもの」の権利をどのように掬いあげ，将来の世代に対してどのような配慮をし，自然の尊重と生命への畏敬を育み，それぞれの生命（生活，人生をも含む）の質を守るのかについては，想像力が問われ，「相手の立場に立つ」能力の涵養が必要とされる（谷口 1998：39-45）。

　他方，地球的課題への対応については個人ができることをコツコツと積み上げたり，心掛けたりする環境教育を行うのみでは十分な成果は得られない。「環境と開発に関するリオ宣言」（1992 年）第 10 原則では，環境問題の解決に向けて，あらゆる市民が参加することが必要であり，それぞれのレベルでの参加が社会を変えるための実効的な手段となり得るよう，政策形成過程への参加を強化し促進することが重要な課題とされている（大久保 2017：94，98-99）。このように，教育が参加の仕組みをどのように支えるのか，環境教育のプラグマティズムが問われている。

　アクティブ・ラーニングによる授業実践を通して，他者の意見を傾聴し価値を共有する体験を持つことにより，「相手の立場に立つ」という実践の知を高めることが期待されるとともに，熟議民主主義の基礎的なトレーニングの場としても活用されることが期待される。

ダイヤモンド・ランキング―集団的合意の形成手法を体験し、価値を共有する

1 ダイヤモンド・ランキングの特長

　地球的課題の構造と性質を理解し、私たちのライフスタイルとのつながりをとらえるためのアプローチとして、本章ではアクティブ・ラーニングとしてのダイヤモンド・ランキングを活用する。ダイヤモンド・ランキングとは、個人にとって重要と思われる問題意識や価値観をダイヤ型の9項目から構成される枠内に順位づけしたのちに、グループワークを通じて集団による合意形成を行いランキングを組むという、2つのステップによって構成される。持続可能な未来や社会の構築を阻む地球的課題について理解を深めるために相対する価値を比較考量しながら、どのような問題が顕在化もしくは潜在しているかを読み取り、優先すべき課題が何であるかを可視化する参加型学習である。一連の作業を通じて、限られた自然の恵みや資源をどのように公平に分配し、保障すべきか、また現代に生きる私たちはどのような価値判断を下し、持続可能な未来のためにどのような行動変容が求められるかについて考え、地球的課題を俯瞰的にとらえるために活用できる。

　ランキングの特長は、参加人数や年齢に関係なく取り組みやすい点に

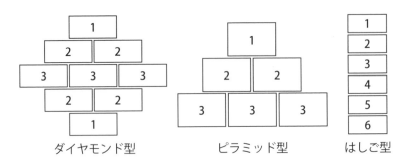

図表1｜さまざまなランキングのパターンと方法（枠内の数字は順位づけ）（筆者作成）

ある。また，比較的短時間（30〜50分ほど）で取り組むことができるとともに，特別な道具や技能を必要としないことも，その特長として挙げられる。ランキングにはダイヤモンド・ランキングのほか，ピラミッド型に配置された枠内に項目をランクづけする方法（枠数については6，10などテーマにより変更可能。第2章参照）や，上位から下位までをシンプルにランクづけする方法（はしご型）などもある。ダイヤモンド・ランキングは，上位から優先順位をつけるはしご型ランキングと比べると，同列に順位をつける項目が複数あるため，上位から下位までの優先順位について，各項目間のつながりや関連性を構造化しやすいという特長がある。また，ピラミッド・ランキングとの相違点として，ダイヤモンド・ランキングは，ランキングの順位が下位に向かうにつれて選択肢の数が少なくなる仕掛けになっており，重要でないと価値づけする項目についても思考をはり巡らせ，9項目の全体にわたってそれぞれの順位づけのつながりを構造化し，可視化しやすい点が挙げられる。

② ダイヤモンド・ランキングの到達目標

　ダイヤモンド・ランキングを使った授業を展開するうえでの到達目標として，（ⅰ）世界の持続可能性の実現を阻む地球的課題を明らかにし，問題を探求すること，（ⅱ）集団による合意形成を進めるにあたり，多元的な視点から分析・検証し，あらゆる立場や意見を尊重すること，（ⅲ）グループ相互のダイヤモンド・ランキングを共有することによって，多様な観点や新たな提案を反映させ，一人一人の参加や関与を促すこと，という3つを設定することができる。

ⅰ 個人でのダイヤモンド・ランキングの作成

　環境問題の性質がグローバルであるほど，その問題の本質と私たちのライフスタイルとのつながりは見えにくいものになりがちである。目に見えない価値や問題と問題とのつながりを可視化するために，最初に個人でのダイヤモンド・ランキングを作成する。用意された9つの項目の

うち，自分にとってより重要度の高いものを上から順位づけし，ダイヤ型の枠内に記入する。個人レベルのランキングを作成するにあたり，用語，概念，具体的にどのような問題が顕在化しているかについて理論的に整理したうえで，知識や概念の関連づけ，自分のライフスタイルや生活（態度）との関連づけをじっくりと吟味しながら，ランキングを決めるように指示する。

- ■ 用語，概念の理解
- ■ 具体的な地球的課題，ケーススタディの理解
- ■ 知識，概念の関連づけ
- ■ 自分のライフスタイルとの関連づけ

　個人のランキングを作成した学習者は，次のグループワークを円滑に進めるために，各項目のランキングの配置について，なぜ重要度が高いと判断したのか，その理由をできるだけ具体的にワークシートに記入し，自分の見解が主張できるように準備する。

ⅱ　グループでのダイヤモンド・ランキングの作成

　4〜6名までのグループをつくり，各グループのなかで順番に個人のランキングについて説明をする。お互いのランキングが類似しているのか，相反しているのか確認し合いながら，グループ全体のランキングを合意形成によって作成する。集団による合意形成を行う際には，合意を急ぐために多数決による手段を用いず，他の観点から見たときに問題や課題はないか，中・長期的な視点からみた場合に新たな課題になりうる潜在的な問題がないか，について検討する。相手の意見について議論の根拠を吟味し，自分の意見を修正したり，理解を深めたりしながら，順位づけについての合意をはかる。意見が対立する場合には，相互の意見や論点を客観的に分析し，対話を通じて自分の視点や想像力を拡げながら，合意形成を導くことが鍵となる。ランキングそのものに正解はなく，ランキングを作成する際に，どのような意見や見解が出されたか，合意形成にどれだけ心を砕いたかというプロセスが重要になる。

iii　グループ相互のダイヤモンド・ランキングの共有

　合意形成のプロセスは，知識として学習することによって身につくものではなく，多様な観点や新たな提案をどのように意思決定プロセスに反映できたかという経験の積み上げによって鍛えられるものである。ダイヤモンド・ランキングによるアクティブ・ラーニングを通じて，地球的課題が有する問題の性質や構造をよく理解したうえで，問題の解決を個人による努力や心掛けの積み上げに委ねるのではなく，社会全体で取り組むためのルールや仕組みについてもとらえ直す機会につながることが期待される。

③　ダイヤモンド・ランキングを用いたアクティブ・ラーニング

　「2050 年を視野に入れたときに，優先して対策を進めるべき地球的課題とは何か」をテーマに，ダイヤモンド・ランキングに取り組んでみよう。このアクティブ・ラーニングの目的は，地球的課題を解決するうえでどのような課題が優先され，その解決への取り組みが重要とされるのかについて学習者一人一人が自分の意見を持つことと，グループでのダイヤモンド・ランキングを作成する作業を通して，意見の異なるグループのメンバーと，粘り強く話し合いを重ねていき，合意形成をはかることにある。

　持続可能性を脅かす地球的課題というテーマについて，学習者が十分な知識を修得していない場合には，ダイヤモンド・ランキングのための事前学習を織り込む必要がある。その一例として，地球温暖化，有害化学物質もしくは有害廃棄物の越境移動，熱帯林の減少・破壊や酸性雨などの地球環境問題と，それらの問題群の主要な要因とされる発展途上国の貧困問題や先進国の経済活動などについて，ウェビング（第 1・15 章参照）を用いて，地球的課題の構造と性質を確認する事前学習を実践してみよう。各自が作成したものを持ち寄りグループで共有することによって，世界の持続可能性を脅かす地球的課題の複雑さについてある程

12　世界の持続可能性を脅かす地球的課題　|　149

度理解を深めることができよう。図表2は、地球環境問題のつながりを理解するために、筆者が中学1年生を対象に実施したウェビングによる学習の一端である。ダイヤモンド・ランキングで取り組むテーマによっては、最低限必要な知識などを確認する作業は、グループでのダイヤモンド・ランキングの作成と共有の際に、個人が持つ知識量や質の違いによる議論のボタンの掛け違いが発生しないためにも必要である。

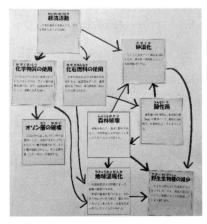

図表2｜持続可能性を脅かす地球的課題のつながりを理解するワークショップ例

進め方（所要時間：30〜50分）

STEP 1 課題：ダイヤモンド・ランキングで使用するAからIの9つの項目に関して持続可能性を脅かす地球的課題について、具体的にどのような問題や課題が起こっているのか、その内容を理解する。5〜10分

STEP 2 個人で、9つの項目の優先順位を決め、ダイヤモンド・ランキングを作成する。その際、最も重要（1項目）、2番目に重要（2項目）、3番目に重要（3項目）、4番目に重要（2項目）、5番目に重要（1項目）に分類する。5分

STEP 3 4〜6名ほどの小グループを形成し、お互いに作成したダイヤモンド・ランキングを確認し合う。他者と重要度が異なる項目について、なぜそのように考えたのか意見交換をする。5分

STEP 4 小グループで話し合い、グループでダイヤモンド・ランキングを作成する。なお、グループでの話し合いの際には、「人数が多かったためこの選択肢を一番目に位置づけた」というように短絡的に決めるのではなく、グループ全員が自分の考えについ

て主張し，お互いの考え方を傾聴することが重要である。議論を深めていくことで，各自の考えの深まりや変化が起こり，より納得のできる選択肢を選ぶことにつながるからである。**15分**

STEP 5　（時間が許すならば）各グループのダイヤモンド・ランキングの結果を共有する。共有の仕方の一例として，各グループが議論した場所にグループでまとめたダイヤモンド・ランキングを置いておき，決められた時間内にそれぞれのグループを自由に巡回する方式がある。共有の時間を通して他のグループとの意見交流やディスカッションを行う。**7分**

STEP 6　意見交流をした後，個人でもう一度ダイヤモンド・ランキングを作成するとともに，自らの意見の変化や，一連の学習について振り返る。**8分**

【課題】　２０５０年を視野に入れたとき，最も対策を進めるべき地球的課題とはなんだろうか。A ～I の9つの選択肢からダイヤモンド・ランキングを作成しよう。

＜１＞個人でダイヤモンド・ランキングを作成しよう（アルファベットを記入）。ランクづけの理由も簡単に書こう。

最も重要
↑

↓
最も重要でない
※右の9つの項目のアルファベットを記入

→理由

＜例＞

A	すべての争いをなくす
B	すべての人に教育を保障する
C	暮らし方を環境負荷が少なくなるように見直す
D	すべての貧困をなくす
E	すべての人が食糧で困らない世の中にする
F	化学物質などの規制基準を強化する
G	経済のしくみを完全に公平なものにする
H	性別，出自などによる不平等をなくす
I	環境負荷の少ない新たな技術開発に力を入れる

＜２＞周りの人と共有し，なるほどと思った意見についてメモしておこう。

＜３＞グループでダイヤモンド・ランキングを作成してみよう。

最も重要
↑

図表3｜ダイヤモンド・ランキング用ワークシートの例

④ 個人→グループ→個人とフィードバックすることの意義

　ダイヤモンド・ランキングの進め方では，まず個人でダイヤモンド・ランキングを作成し，持ち寄ってグループで共有し，時間が許せば全体で共有したうえで個人に戻ってもう一度ランキングをつくる，という形式を紹介した。なぜ「個人→グループ（→学習者全体）→個人」という流れを取るのか。それは，いきなりグループで取り組むと，自分の意見を表明せず傍観している，あるいは意見があっても発言しない参加者が出てしまう可能性があるからである。ダイヤモンド・ランキングでは答えのない9つの項目を価値づけしていくので，学習者一人一人がダイヤモンド・ランキングを作成し，意見を持つことが大切である。そうして各自がダイヤモンド・ランキングを作成したうえで，グループでの共有に移ると，まったく同じ順位づけのメンバーに出合うことは稀である。ここで重視したいのは，自分との意見の違いを楽しむことである。意見の相違があるからこそ，話し合いは盛り上がり，多様な意見に出合うからこそ，自分の考えを深めることができる。グループでのダイヤモンド・ランキングの作成を通じて，多様な意見を持つ他者との合意形成をはかる作業になるので，是非とも実践してもらいたい。

　最後にもう一度個人でのダイヤモンド・ランキングを作成する意義としては，これら一連の活動での多様な意見や価値観の交流を通じて，学習者自身の考えがどう変化したかを見つめるためである。もちろん，ダイヤモンド・ランキングが授業の最初に作成したものと比べて，ランキングの配置に変化がなくてもよいが，筆者の経験では，学習者の半数以上はランキングに変容が見られることが多い。

⑤ 中学校教育でのダイヤモンド・ランキングの実践事例

　ダイヤモンド・ランキングには正解はなく，9つの項目や選択肢が用意できる問いであれば，幅広く応用が可能である。学校現場でも，各教科や学級活動，道徳などで用いられている。たとえば，筆者が中学校で

取り組んだ事例を紹介すると，合唱祭に向けてクラスでこれから練習などの活動に取り組んでいくときに実践した「合唱祭に取り組むにあたって大切なこと」，社会科公民的分野の地方自治の学習で取り組んだ「市長を選ぶなら，どの争点を重視するか」などでダイヤモンド・ランキングを用いたことがある。

　ダイヤモンド・ランキングでは，学習者一人一人が価値づけを行い，個人の意見や考えを発表していくため，学習者同士の話し合いは必ず活発なものになるであろう。ダイヤモンド・ランキングを実施するときには，価値の順位づけが難しいものほど，その後のグループでの話し合いは活発になる。ダイヤモンド・ランキングを通して多様なものの見方・考え方があることに気づき，その違いや多様な価値を尊重する意識を育むことが重要である。ぜひダイヤモンド・ランキングを用いたプログラムを開発し，実践してみてほしい。

■参考文献

IPPC（2018）Global Warming of 1.5℃（http://www.ipcc.ch/report/sr15/, last visited, 11 March 2019）

井上有一（2009）「家庭から社会へ—持続可能な社会に続く道を地球温暖化問題から考える」，鬼頭秀一，福永真弓編『環境倫理学』東京大学出版会，pp.197-210

大久保規子（2017）「パートナーシップ・参画」，『季刊　環境研究』，182号，pp.94-99

環境省（2017）「STOP THE 温暖化 2017」（https://www.env.go.jp/earth/ondanka/knowledge/Stop2017.pdf, last visited, 27 October 2018）

ジョセフ・R・デ・ジャルダン，新田功他訳（2005）『環境倫理学—環境哲学入門』出版研

高村ゆかり（2007）「地球環境問題と教育」，『学校運営』，2007年7月号，pp.6-11

谷口文章（1998）「経済・社会のシステムと環境教育」，奥井智久編『地球規模の環境教育—環境教育最前線』ぎょうせい，pp.25-47

西あい，湯本浩之，開発教育協会編（2012）『開発教育実践ハンドブック：参加型学習で世界を感じる 改訂版』開発教育協会

UNIT 13

地球温暖化の理解と対応
AL　ディスカッション

田中　敏久

地球温暖化と気候システム

　2018年夏，日本。7月に「平成30年7月豪雨」が西日本に甚大な被害をもたらし，8月には「東京での観測史上初の40℃超え」（6〜8月の東日本の平均気温は平年比＋1.7℃で，1946年の統計開始以降で最高），記録的な高温は全国的で続き，9月にかけて台風による被害が続き，東京・大阪等では10月に入っても32℃を超す真夏日がある等「異常気象」といわれる事象が繰り返し報じられていた。（東京では「猛暑のため，相次いで小学校の夏休みのプールが中止」になったりもした。）

　同じ2018年の夏。地球上の複数の地点で「歴史上初めて・観測史上初めて，希に見る，150年に一度」といった表現で，希有な気象事象の報告が相次いでいた。真夏のアフリカの複数の国での降雪や積雪も驚きだが，同時期の北欧では，長雨や冷夏で農業に甚大な被害が出たことが報じられていた。また11月初旬に米国カリフォルニア州で起きた未曾有の山火事は州史上最悪の被害をもたらしたといわれ，猛暑と5月からの少雨の影響もあって鎮火までに3週間近くかかり，東京23区の面積に相当する620km^{2}以上の森林が焼け，多くの死者・行方不明者が出る等したことがわが国でも繰り返し報道されていた。

　このように，今日全地球的規模で起きている大気現象・気象事象の異変，とくに「異常気象」といわれるような通常の気象の変化から大きく逸脱した事象・変化やその発生メカニズムに関して「気候変動」や「地球温暖化」という概念・考え方で説明されることが多くなっている。

　ここではまず，この「気候変動」や「地球温暖化」概念に関する基本的な内容を整理しておきたい。

1　気候系（気候システム）

「気候」とは，ある地域での天気をある期間に渡って平均した状態やその変動のことをいう。気候が変化する理由やどのように変化するかを理解するうえで「気候系（気候システム）」の概念が重要になる。

気候系とは，大気・海洋・地表面・雪や氷・海洋・生態系等の要素で構成され，それぞれの要素間でエネルギー・水・その他の物質をやりとりすることによって相互作用している総合的なシステムのこと。

地球の上では，太陽から受け取ったエネルギーを源とし，そのエネルギーを大気圏だけでなく海洋・陸地・雪氷・生物圏等の間で相互にやりとりして，最終的には赤外放射として宇宙空間に戻すことで，ほぼ安定した地球全体のエネルギー収支が維持されていると考えられている。（図表1）このようなエネルギーの流れに関係する地球上のさまざまな要素の総合的なシステムを「気候系（気候システム）」と呼び，またそのような大気の平均状態を「気候」と呼ぶのである。

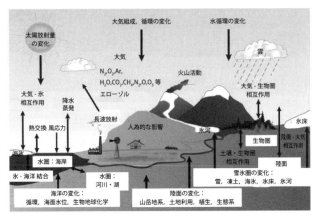

図表1｜気候システムを構成する要素とその過程，相互作用の概要[1]

ここで「システム（system）」とは，「相互に影響を及ぼし合う要素から構成されているまとまりや仕組みの全体」のこと。システムはいくつかの要素によって構成されているが，システムに含まれるすべての要素は必ず自分以外の要素に対して何らかの影響を及ぼすとされている。

つまり「システムという概念は，単に互いにバラバラの要素の寄せ集めではなくて，互いにつながり合い結びつき合って影響を及ぼし合っている仕組み全体のことを表している」のである。

❷ 「システム」概念と「生態系（エコシステム）」

ここで，前節の「システム」概念を理解するための具体例として，「生態系（エコシステム）」について述べる。

2018年夏，近隣の自然公園ではキンランが大変元気で，日差しを受け黄金色に輝く花穂群の眺めは壮観だった。実はこのキンランは，樹林地の環境がなければ育たない。キンランが養分を得ているのはコナラ等の樹木の根に共生する外生菌根菌であり，菌自体が樹木に依存して生きているので，キンランの生育には菌が共生している樹木が育つ環境が必要なのだ。自然状態ではあらゆる生き物が互いに関係し合って生きているばかりでなく，

図表2｜キンラン[2]

水・空気や微生物・土中のミネラル等を含んだ土そのもの等の無機的な環境資源も含めて，互いに深く繋がり合って存在している。

このように，主体としての生き物とその生き物を取り巻く環境が相互に関係し合い影響を及ぼし合って存在している状態のことを「主体－環境系」というが，ある場所のすべての生物と非生物は，互いに食物連鎖等の関係を作りながら，その場所でさまざまな生命現象を営み物質循環を行い，その場所全体の状態＝生態系を維持している。つまり，ある生態系の中では生物群集と無機的環境の間に一種の平衡状態があり，動的に安定してバランスを釣り合わせて存在していて，生物と非生物が全体として一つの生態系を維持する役割を果たしているのである。

ここでの「系」の考え方も，「ある場所の環境を構成する個々の要素が，相互に関係し合い相互作用を及ぼし合いながら全体としてある機能を発揮するまとまりをもっていること」を表している。

3 自然生態系と都市生態系

今日,「人類の文明と地球の生態系の基本的な関係が徹底的に根本的に変わってしまった」といわれるが,今考えなければならないことは,この「私たち人間と生態系との関わり方」だろう。

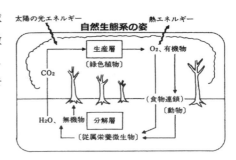

図表3｜自然生態系[3]

たとえば,図表3のような「自然生態系」では,本来の状態ならば,生産層と分解層の二層構造をもち,物質は実線矢印のように循環して平衡状態を保ち,エネルギーも入量と出量がバランスを保っている(波線)。

これに対して,図表4のような「都市生態系」では,生産者(植物)を欠くため,生態系の外部から酸素・食料・燃料等の物質を供給する必要があり,分解層がコンクリート等で覆われているため,分解者が働きにくく物質循環が

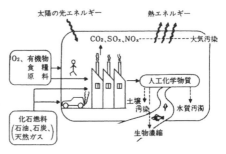

図表4｜都市生態系[4]

停滞して,無機的環境や生物体内等に人工物や汚染物質が蓄積しやすくなっている(点線矢印)。

そして,過剰に放出される熱エネルギーは大気中に蓄積され,ヒートアイランド現象を起こし,地球温暖化が進行していく。

4 「地球温暖化問題」と人間活動

前述の気候システムは,外部からの強制要因や内部からの要因(エルニーニョ現象等)によっても変動し,さまざまな時間スケールで変動し

ている。気候システムの外的強制要因は，①自然的要因（海洋変動，火山噴火による大気中の微粒子の増加，太陽活動の変化等によるもの）②人為的要因（二酸化炭素等の地球温暖化ガスの濃度変化や森林伐採や耕作地化等の土地利用の変化によるもの）に二分される。

今地球は過去1400年で最も暖かくなっている。これは，産業革命以降の人間活動の増大による石油や石炭等の化石燃料の大量消費が二酸化炭素等の温室効果ガスを急激に増加させて地上気温を上昇させたり，開発による森林破壊等が水の循環や地球表面の日射の反射量に悪影響を及ぼしたりする等の人間活動の結果と考えられている。（図表5・6参照）

たとえば，気候変動に関する政府間パネル（IPCC）の2015年の報告書では「気候システムが温暖化していることは疑う余地がなく，人間的活動による温暖化ガスの排出が，20世紀半ば以降に観測された温暖化の支配的な原因であった可能性が極めて高い」と指摘されている。

このようなことが「地球温暖化（問題）」であり，冒頭に触れたように，平均気温上昇等の異常高温や大雨・干ばつの増加等の急激な気候変動が

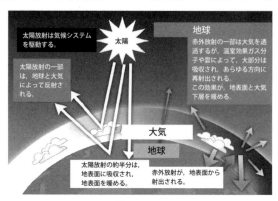

図表5｜温室効果の概念図[5]

図表6｜身近に迫る地球温暖化[6]

全地球的規模で起きていて，その影響は生物活動の変化等の自然生態系や水資源・農作物への影響等人間社会にも現れている。

　このように，地球温暖化によるさまざまな自然・社会・経済的影響に対し，私たち人類が連携・協力して対策を見い出すことが喫緊の課題となっている。そこでは，国レベルでの国際的な取り組みを進めるうえでも，また地球市民として一人一人が温暖化の影響を少しでも減らすためにも，日常生活の中でできる行動を模索していくことが重要であり，学校や地域社会等の身近な社会生活の場で，それぞれの立場で可能な活動についての意見集約や合意形成に取り組む努力が求められている。さらに，地球温暖化への対策や対応を考えるためには異なる立場間でのコミュニケーションを深めることが重要であり，そのための技能，すなわち「コミュニケーション能力」の向上が必要となるのである。

アクティブ・ラーニングの技法としての「ディスカッション」

　英語の discussion（ディスカッション）は，「討論・討議」と訳されることが多いが，この語には「意見・情報の交換や共有，アイデアの出し合い，一つの問題を解決するための協力型の議論」等の意味がある。

　アクティブ・ラーニングの技法としてのディスカッションでは，およそ次のような活動や内容が想定されているといえよう。

> 　複数の参加者が，共通の話題について，お互いに意見を交換し，その結果としての１つまたは少数の，まとまった結論・結語・情報（非言語表現・音楽や絵画的表現等も含む）を導き出すための，一定の方向性や具体的目標を持った活動。

　通常３名以上の参加者によって行われ２名の場合は対話（ペアトーク）といわれることが多いが，２名から始めて次第に意見交換する相手を増やしていきディスカッションとする場合もある。

13

このような活動は，今日教育現場で求められている「主体的・対話的で深い学び（アクティブ・ラーニングの視点からの授業改善）」にも合致しており，「対話的な学び」に関わって文科省の資料に例示された「子供同士の協働，教職員や地域の人との対話，先哲の考え方を手掛かりに考えること等を通じ，自己の考えを広げ深める対話的な学び」の中の「あらかじめ個人で考えたことを，意見交換したり，議論したりすることで新たな考え方に気づいたり，自分の考えをより妥当なものとしたりする」活動に当たると考えられる。

また，「本人の意見を提示して議論すること」は，文科省の「改訂のポイント，教育内容の主な改善事項・言語能力の確実な育成」に示された「立場や根拠を明確にして議論することなどの充実」に繋がり，「教室内でのグループ・ディスカッション …… 等も有効なアクティブ・ラーニングの方法である」とも指摘されている。

1 ケーガンの協同学習の考え方・基本原則

ディスカッションの進め方の具体例として，グループでの協同学習法の研究者として著名な米国の S. ケーガン（Spencer Kagan）博士の考え方・技法（"Kagan Structures"）について述べる。

この技法では，「ケーガンの協同学習の 4 条件・基本原則」が重要で，指導者はこれを前提として，活動の内容や組み合わせ方等を十分に検討したうえで準備することが必要となる。

1　互恵的な協力関係（肯定的相互依存）Positive Interdependence

参加者それぞれが互いに相手の学習に対して協力的に関わること。活動中に，互いにプラスになるように助け合うこと。

2　個人の責任の明確さ Individual Accountability

グループやペアでの活動の際に，参加者一人一人が何をすればよいかを全員が理解していること。指導者が明確に示す必要がある。

3　参加の平等性の確保 Equal Participation

それぞれの参加者が，均等にもれなく活動に取り組むこと。そのため

の配慮や条件整備がされていること。

4　活動の同時性への配慮　Simultaneous Interraction

参加者が一緒に活動できるように活動方法（役割分担・時間配分等）に具体的に配慮すること。

② 協同学習の Structure（技法・手順）の具体例

Structures は「参加者に特定の行動を生起させる小規模な一連の指示・指導手順」。200 種類以上あるとされるが，以下，数例を示す。

技法1　Rally Robin（代わり番こに）

STEP1 指導者が複数の答えが可能な問題を提示する。

STEP2 個人で考える時間をとる。

STEP3 参加者が交互に自分の考えを言っていく。

技法2　Round Robin（順番に話そう）

STEP1 指導者が複数の答えがある課題や問題を与える。

STEP2 個人思考の時間をとる。

STEP3 グループ内で，順番に自分の考えを述べていく。

技法2+　Round Table（順番に書こう）

STEP1 指導者が複数の答えがある課題や問題を与える。

STEP2 個人思考の時間をとる。

STEP3 グループ内で，順番にワークシート等に記入していく。

技法3　Timed Pair Share（お話タイム）

STEP1 指導者は課題を与え，話し合いの時間を伝える。

STEP2 ペアになり，参加者Aが考えを話し，Bが聴き役になる。
「話してくれてありがとう。私が聴いて学んだことは…です。」

STEP3 役割を交代して，STEP2 を行う。

技法4　Three-Step Interview（ちゃんと聴いてたよ）

STEP1 個人思考の時間をとり，共有したいことを考える。

STEP2 ペアになり，参加者AがBにインタビューする。

STEP3 役割交代して，参加者BがAにインタビューする。

13　地球温暖化の理解と対応　｜　161

| STEP 4 | 別のペアと一緒になり，新しいグループメンバーでお互いにインタビューし合い，全員でインタビューを共有化する。 |

| 技法5 | **Numbered Heads Together**（代表がんばれ） |

STEP 1	グループ毎に参加者に番号をふる。
STEP 2	指導者は問題を提示し，各自考える時間を与える。
STEP 3	参加者は静かに自分の考えを書く。
STEP 4	立ち上がって，頭を寄せ合い互いに答えを見せ合い教え合う。
STEP 5	全員が答えを理解したら着席する。
STEP 6	指導者は番号を選び，その番号の参加者はグループを代表して，一斉に答える。

| 技法6 | **Mix-Pair-Share**（学びの出会い） |

STEP 1	指導者は課題を提示し，参加者たちに個人思考させる。
STEP 2	参加者は静かに会場内を歩き回る。
STEP 3	指導者は「止まれ」の指示を出す。
STEP 4	参加者は近くにいる者同士で握手し，ペアになる。相手がみつからない者は手を挙げて相手を見つける。
STEP 5	ペアで Rally Robin または Timed Pair Share で共有化する。

③ 実施上の留意点（傾聴し合う姿勢）

　実施に際して重要なことは「他者の考え・意見に敬意を払う」こと。技法3 STEP3にあるような対応を繰り返すことが大切で，内容はもちろん「ディスカッションの過程での互いの意見を傾聴し合う姿勢」，即ち「表明された一つ一つの意見・アイデアの価値は全て等しく，それぞれが最大限の敬意をもって受け止めなければならない」という考え方を共有することが重要。これによって「新たな考え方に気づいたり，自分の考えをより妥当なものとしたりする」ことが可能になり，「対話的で深い学び」に繋がっていくのである。参加者はもちろん，指導者自身がこの点を十分に理解したうえで活動を進めることが肝要である。

④ 内容構成上の留意点

環境教育・学習で地球温暖化・気候変動に関してよく行われる「温暖化を進行させる温室効果ガスの増加を少しでも遅らせたり減少させたりするために，個人・学校・家庭・地域等で，自分たちができることは何か」のディスカッションを計画するときに，留意するべき点をあげる。

1　適切な資料選択・教材化・活動（方法等）の選択

指導者は，ディスカッションする参加者の年齢・発達段階や知識レベル・理解度等に応じて，話し合いのヒントや手掛かりとなる適切な資料等を選んで教材化し，学習活動を工夫する必要がある。

参加者に理解できない高難度の資料や単純すぎる内容では話し合いに活かされない。活動のねらい・目的は何かを丁寧に検討し，適切な活動を選び工夫する必要がある。何について・何のための活動か，意見か感想か，思ったことか熟慮か，2人・3人・グループか，交代か輪番か，文字か言葉か絵で表すか等の表現方法等々多様な選択肢がある。

2　ファシリテーターとしての話し合い活動の促進

指導者には所謂ファシリテーターとしての自覚が必要。予め決まった内容を伝達するのではなく「学習者が，各自の考えやアイデアに自信と自己肯定感をもって，情報発信・意見交換・新たな発見ができるように」適時・適切な声かけ・励まし等をして支援・促進することが大切。

そのためには，参加者一人一人が「どのような気持ち・心理状態でいるのか，何に気づいているのか，何について発信しようとしているのか」等について，丁寧に受け止めようとする態度・心構えが必要となる。

⑤ 活動例「二酸化炭素の増加を抑制するためにできることは？」

ねらい

地球温暖化の主な原因物質とされる二酸化炭素の増加を抑制するために生活者の立場でできる具体的日常的活動案を，グループ毎にディスカッションして整理し，プレゼンテーションを準備・発表する。

グループ編成（方法・テーマ別グループ編成の例）

「家庭内省エネ」「グリーン・コンシューマ（賢い消費者）」「食品ロス・廃棄物」「エコクッキング・3R」等の具体的テーマを例示し，参加者が自主的に選んだ方法・テーマに即して編成したグループで活動する。

進め方（p.165・166, 技法2 技法2+ 技法3 参照）

ここでは，前述の技法2・2+・3を組み合わせた活動を行う。

STEP 1 指導者が活動の主旨や各グループ・テーマの考え方等を説明した後，参加者の希望を優先して所属グループを決める。

STEP 2 自己紹介・アイスブレーク等の後，個人思考の時間をとる。（適宜，全体や個人での情報収集・資料準備等の時間をとる。）

STEP 3 グループ内で順番にワークシート等に各自の意見を記入する。
（参加者の発達段階等に応じてワークシートの分量・書式等調整する。意見集約が簡潔にできるものがよい。各自が意見を付箋に記入し，交代で貼り付けていく等の方法もある）

STEP 4 ペアになり参加者Aが考えを話しBが聴く。Aの後にBが応答する。「話してくれてありがとう…。私が学んだことは…。」

STEP 5 グループ内でA・Bの役割を交代して，全員が4の活動を行う。

STEP 6 全員の発表内容を活かしてグループの意見を整理・調整。
（このときも，前述の「傾聴し合う姿勢」で話し合うことが重要）

STEP 7 活動案を整理後，その案をプレゼンテーションする方法・役割分担等についても同様に話し合って整理・調整する。

6 学習者への敬意＝生きて働く力の育成

最後に，地球温暖化・気候変動のような地球環境問題の学習の際に決して忘れてほしくないことを一つ。

それは，「環境教育・環境学習は，大人のツケを学習者・子供たちに払わせるためのものではない」ということ。

学習者・子供たちには，未来の地球人として世界中の人々とコミュニケートし，連携し合ってこの惑星の持続可能性を担ってもらわなければ

ならない。そのための生きる力を身につけてもらわなければならない。地球温暖化についてディスカッションする力はそのときにこそ生きて働く力となるはずだ。目指すは "Think globally, Act locally"
(「地球規模で考え，足元から行動しよう！」)

■注記

1) 気候システムを構成する要素とその過程，相互作用の概要（気象庁，2007b，FAQ1.2 図 1，『地球温暖化の基礎知識』気象研究所，2008）

2) キンラン（著者撮影，於 西東京市立西原自然公園 2018）

3・4) 自然生態系・都市生態系（山際・田中他，学校における環境教育，『環境教育実践事例集』第一法規出版，1993）

5) 温室効果の概念図（気象庁，2007b，FAQ1.3，同上）

6) 身近に迫る地球温暖化（全国地球温暖化防止活動推進センター ウェブサイト 2018）

■参考文献

環境省 ウェブサイト（2017）『STOP the 温暖化 2017』

気象研究所 気候研究部 ウェブサイト（2008）『地球温暖化の基礎知識』

気象庁 ウェブサイト（2018）『地球温暖化の知識・解説』

国立教育政策研究所（2014）『環境教育指導資料（幼稚園・小学校編）』

杉江他（2004）『大学授業を活性化する方法』玉川大学出版部

全国地球温暖化防止活動推進センター ウェブサイト（2018）『地球温暖化』

WWF ジャパン ウェブサイト（2015）『地球温暖化が進むとどうなる？』

東京農工大学 JUON NETWORK（2018）『ケーガンの協同学習』

文部科学省（2017）『新しい学習指導要領の考え方』

山際・田中他（1993）『環境教育実践事例集』第一法規出版

UNIT 14

「持続可能な社会づくり」プロジェクト
A L　PBL（Project Based Learning）

斉藤　雅洋

持続可能な社会づくりをめざすプロジェクト学習

1　持続可能な社会をつくる力を育むプロジェクト学習

　環境教育の目的は，「環境」に加えて，「経済」「社会」「文化」などの総合的な視野を持つ持続可能な社会の形成者を育成することにある。持続可能な社会には，元来，物質・エネルギーの循環と生物多様性の保護を巡る生態的持続可能性と，人権や平和，福祉，民主主義等を巡る社会的持続可能性の２つの含意があるが，ESD 研究の進展により，さらに多様な意味を含む概念として理解されている。（この点については第 15章の図表 2 参照）

　環境教育の目標は「個人の態度や行動を変える」ことだけではなく，「持続可能な暮らしに向けて自らの道筋を決定できる能力を育成していく」ことにある。そして，持続可能な社会の形成に主体的に参加するためには，「つなぐ力」「参加する力」「共に生きる力」「持続可能な社会のビジョンを描く力」が求められている（日本環境教育学会編 2012）。

▶ PBL の取り入れ方

　こうした力を育成するための方法として，「PBL」は有効である。PBL には，問題解決学習（Problem Based Learning）とプロジェクト学習（Project Based Learning）の２種類がある。溝上（2016）によれば，問題解決学習とは，実世界で直面する問題やシナリオの解決を通して，基礎と実社会とを繋ぐ知識を習得し，問題解決に資する能力や態度などを身につける学習のことである。プロジェクト学習とは，実世界に関する解決すべき複雑な問題や問い，仮説を，プロジェクトとして解決・

検証していく学習のことである。ここでは、プロジェクト学習について取り上げる。

溝上（2016）は、プロジェクト学習のステップを図表1のように示している。プロジェクト学習は、このように自ら課題を見つけ、その課題の解決に向けてグループで協力して長期間取り組み、その成果を発表する高度なアクティブ・ラーニングであるといえる。

他方で、プロジェクト学習はまた、多くの授業時間を要するため学校教育に馴染まないという一面もあるが、現実の課題を教材として学習するため、「生きる力」を身につけるには極めて有効な学習方法である。美馬のゆりは、プロジェクト学習の特色を次のように説明している。

「プロジェクト学習は、社会的に意味のある環境と共同的な活動のなかで、より強く学びを動機づけます。チームの仲間、教員、地域や企業の方々などとのさまざまな出会いやコミュニケーションを重ねるその過程にこそ価値があります。ものの見方や資料・データの収集と分析、議論の進め方、他者への理解や共感、プレゼンテーション力など、プロジェクト学習の活動のなかで磨かれていく資質は、その後の人生に大きく活かされる糧となります」（美馬 2018）。

本章では、持続可能な「社会」を「地域社会」のレベルでとらえ直し、持続可能な地域をつくるプロジェクトについて紹介する。

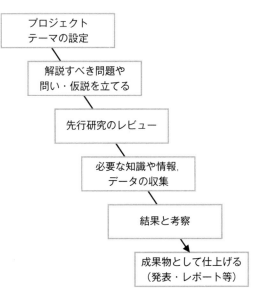

図表1｜プロジェクト学習のステップ（溝上 2016）

② 地域の持続可能性をめぐる諸問題と大学教育の役割

　地域（とくに地方の農山漁村）の現実に目を向けると，地域の持続可能性を揺るがす「過疎」「中山間」「限界集落」といわれる問題に直面する。小田切徳美は，こうした諸問題を「人と土地とむらの空洞化」と指摘している。すなわち，人口減少が進行することを「人の空洞化」（＝「過疎」），農地や森林の荒廃が進むことを「土地の空洞化」（＝中山間），そして，むらという集落機能が衰退し，コミュニティの存続が危ぶまれるような状態のことを「むらの空洞化」（＝限界集落）と表現している。さらに，人や土地やむらの空洞化の水面下では，人々の地域に対する愛着や地域に住み続ける意味を失い，地域を次世代につなげることを諦める「誇りの空洞化」という問題が蔓延していると指摘する（小田切2009，2014）。

　これらの諸問題を解決していくために必要なことは，人々の内面的な問題である「誇りの空洞化」を食いとめることである。小田切の言葉を借りると，「誇りの再建」や「諦観からの脱却」を後押しするような活動である。持続可能な地域づくりにむけて，環境教育・ESD には地域に対する愛着や地域に住み続ける意味，地域を次世代につなげる意志を取り戻していくような学習活動や教育実践が期待されているといえる。

　一方，持続可能な地域づくりにむけて，大学教育の役割が問われている。2012 年の「大学改革実行プラン」のなかで「地域再生の核となる大学づくり」が提唱されたことを機に，2013 年度より「地（知）の拠点整備事業（COC）」，2015 年度より「地（知）の拠点大学による地方創生推進事業（COC＋）」が推進され，「地域」を教育・研究の最重要テーマに位置づけた，いわゆる地域系学部の創設が全国的に広がっている。地域系学部に求められていることは，持続可能な地域をつくるための課題解決に資する教育・研究の展開である。それは，一つは従来の地域調査やフィールドワークによる実態把握と情報整理に留まらず，持続可能な地域づくりにむけた活動を創造し，具体的な行動へと移していくことであり，もう一つは，地域学習の発展的な展開である。「総合的な学習

の時間」や学校週五日制が普及・定着した時期に学齢期を過ごした現在の大学生は，地域での体験・交流活動を通した地域学習を高校卒業時までに一定程度積み重ねてきている。大学教育には，そうした地域学習の蓄積を活かした実践的な展開が求められている。これらの要請に応える大学教育の展開例の一つとして，プロジェクト活動を通じたプロジェクト学習があるといえるだろう。

3　プロジェクト学習を取り入れた大学教育の事例

　プロジェクト学習を取り入れた大学教育の事例として，筆者が所属する高知大学地域協働学部の取り組みを紹介する。

　高知県は少子高齢化や過疎化が全国的にも早いテンポで進行しており，集落機能の維持や産業振興，南海トラフ巨大地震に備える災害対策など，地域の持続可能性を揺るがす多様な社会的課題を抱えている。そのため，高知県は日本の社会的課題を約15年先取りした「課題先進県」といわれている。地域協働学部では地域課題の解決に向けて不可欠な関係形成や行動を「協働」ととらえ，高知県内の多種多様な地域課題を教材に，課題解決に向けた協働実践（プロジェクト活動）を通じた学部教育を展開している。

　地域協働学部では，「地域協働」を「地域社会が抱えている諸課題を調和的に解決し，地域社会の再生と持続的な発展をはかるための多様な地域主体（人や組織）間の協働」と定義している。そこには地域の多様な主体間の協働と，大学と地域との協働という2つの含意がある。さらに後者の意味においては，①地域住民との協働を活かした学生教育，②大学生との協働を活かした地域住民への教育，③学生力を活かした地域貢献，という3つの機能（ねらい）があるとしている。この3つの機能は相互に結びついており，学生と地域住民，教員が協働的に学び合いながら，地域課題の解決を探っていくという，①〜③を包含する理念としての，「地域協働教育」という概念を打ち出している。そして地域協働教育によって，「大学での学び」「地域での学び」「地域への貢献」のサ

イクルを循環させながら，学生の「知識と実践の統合」「こころざしの育成」「学びの意欲向上」をめざしている。

　地域協働学部では，こうした教育理念のもとで，地域理解力，企画立案力，協働実践力という３つの力で構成される「地域協働マネジメント力」を身につけ，自ら地域で仕事をつくり出すことのできる「地域協働型産業人材」（地域協働リーダー）の養成をめざした文理統合型のカリキュラムを構築している。そのカリキュラムの中核に位置づけられているのが，年間120時間にもおよぶ実習である。実習授業では，高知県内各地の住民自治組織，NPO，中小企業との協働によるプロジェクト活動を３年間にわたって，地域理解，企画立案，協働実践の３つのステップを積み重ねて展開している。

④　3年間の学習内容

　３年間の実習は，およそ学生が地域課題の解決をめざして企画立案した商品開発やイベントなどのプロジェクト活動を，地域住民や企業のスタッフが学生とともに計画し，それを実践し，評価・改善するという，PDCAサイクルの循環を念頭において設計されている。

　１年次の実習では地域理解を目的として，１学期は高知県内のさまざまな実習先を訪問し，施設の清掃や草引き（草取り），里山の整備，農作業，地域の行事への参加などのサービス・ラーニングを通して，地域住民や企業のスタッフとコミュニケーションをはかり，地域と向き合う作法を身につける。２学期は，高知県内の実習先から一つを選択し，ヒアリングや参与観察などのフィールドワークを行い，地域の特性や課題，地域課題をめぐる関係者の把握と分析を行う。

　２年次の実習ではプロジェクト活動の企画立案を目的として，１学期は地域資源を活用した地域課題の解決をはかるための商品開発やイベントなどの立案に向けて社会調査を実施し，プロジェクト活動の企画書を作成する。２学期は実習先の住民組織や企業と協議・調整を繰り返しながら，地域資源を活用した商品開発やイベントなどのプロジェクト活動

の計画書を作成する。

　3年次の実習では協働実践を目的として，1学期は2年次に作成した計画書にもとづいてプロジェクト活動を実施し，その結果を点検し，自己評価を行う。2学期は活動の実施結果とその自己評価結果を実習先の住民組織や企業と共有しながら，プロジェクト活動の改善案を検討するワークショップを計画・実施する。

　このように地域協働学部における実習授業の特色は，実習先となっている地域住民や企業との協働を通して，ともに考え行動し，そのなかで気づき合い，刺激し合い，批評し合い，高め合いながら，学び成長する契機が仕掛けられている点にある。

プロジェクト学習の実践

① プロジェクト学習のステップ

　持続可能な地域をつくるプロジェクト学習の展開ステップを整理すると図表2のようになる。この表は溝上のプロジェクト学習の6つのステップを横軸に，高知大学地域協働学部の実習授業のステップを縦軸にかけ合わせた18のステップで構成している。ただし，上述のとおり地域協働学部の実習授業は，プロジェクトとしての活動を想定しているため，実際の取組項目は溝上の示すプロジェクト学習の6項目よりも多岐にわたる。以下，各ステップのポイントを，見ていくことにしよう。

Ⅰ 地域理解

　プロジェクト活動では，その目的やその活動が必要とされる背景をおさえることが重要である。プロジェクト学習の第一歩は，当該地域でどのような問題が起きているのかを把握し，問題解決に向けた課題を明らかにすることである。

14

14　「持続可能な社会づくり」プロジェクト　|　171

		プロジェクト学習					
		①テーマの設定	②解決すべき問題や問い・仮説の設定	③先行研究のレビュー	④必要な知識や情報、データの収集	⑤結果と考察	⑥発表・レポート等
プロジェクト概要	Ⅰ 地域理解	Ⅰ-① 問題の選択	Ⅰ-② サービス・ラーニング	Ⅰ-③ 関連情報の収集と整理	Ⅰ-④ フィールドワーク	Ⅰ-⑤ 地域課題の考察	Ⅰ-⑥ 考察結果の発表
	Ⅱ 企画立案	Ⅱ-① 活動のアイデア出し	Ⅱ-② 活動の企画書の作成	Ⅱ-③ 活動の実施計画作成に向けた協議	Ⅱ-④ 協力者の巻き込みと試行	Ⅱ-⑤ 活動の工程表の作成	Ⅱ-⑥ 活動の企画書および実施計画書の発表
	Ⅲ 協働実践	Ⅲ-① 活動の実施	Ⅲ-② 活動の評価項目の検討	Ⅲ-③ 活動の自己評価	Ⅲ-④ ワークショップの実施	Ⅲ-⑤ 活動の評価と改善点の整理	Ⅲ-⑥ 活動の評価と改善計画の発表

図表2│地域協働学部におけるプロジェクト学習の展開ステップ

Ⅰ-① 問題の選択

地域の持続可能性を揺るがす諸問題において、どのような分野（産業、福祉、環境、文化など）の問題を見ていくかを選択する。

Ⅰ-② サービス・ラーニング

大学において座学で学んだ知識・技能を活かし、地域における貢献（サービス）活動に参加する。これを足がかりに地域の生活・労働の現場に入り、協同作業やそのなかでの会話などのサービス・ラーニングを通じて、地域の問題は実際にどのよ

図表3│水産加工会社でのサービス・ラーニングのようす

うな状況にあるのか，その実態を把握する。

Ⅰ－③　関連情報の収集と整理

サービス・ラーニングを通じて得た情報をグループで持ち寄って振り返り，関連する文献やインターネットの情報も補足して，地域の問題の概況や特色を把握する。

Ⅰ－④　フィールドワーク

まち歩きや関係者・関係機関へのヒアリングなどのフィールドワークを通じて，地域の問題に関する情報をさらに収集する。

Ⅰ－⑤　地域課題の考察

地域の持続可能性を脅かしている諸問題を把握し，問題解決に向けた課題を考察する。

Ⅰ－⑥　考察結果の発表

Ⅰ－①～⑤のプロセスとともに，地域の持続可能性を脅かしている問題と問題解決に向けた課題を発表する。

Ⅱ　企画立案

活動は実施に向けた具体的な段取りを整えるとともに，協力者を巻き込むために，活動の必要性や意義，実行可能性を彼らに認めてもらわなければならない。ここでの学習課題は，協力者に向けたプロジェクト活動のプロポーザルの作成である。

Ⅱ－①　活動のアイデア出し

明らかにした地域課題のなかで，取り組むべき一番の課題を選択する。そして，その地域課題の解決に向けて，どのような活動を行えばよいか，プロジェクト活動のアイデアをグループで出し合う。

14　「持続可能な社会づくり」プロジェクト　|　173

アイデアはできるだけ多く出す。

Ⅱ-② 活動の企画書の作成

　グループで出し合ったプロジェクト活動のアイデアをもとに，グループで分担して活動の先行事例やその効果・課題などを調べる。調べた結果をもとに，地域において問題が解決された状態（ビジョン）を描く。ビジョンの実現に近づけることを念頭に，グループ内で活動の内容や目的・目標，効果などを話し合い，実施するプロジェクト活動を決定する。

Ⅱ-③ 活動の実施計画作成に向けた協議

　プロジェクト活動の実施に向けて，グループ内で意思統一しておくべきこと，共有しておくことを確認し，どのような協力者や関係者を巻き込む必要があるか，どのような事前の準備（手続きや物品，役割分担など）が必要であるかを協議する。その上で，活動の先行事例などを参考に，活動の実施に向けた具体的な実施計画をまとめる。

Ⅱ-④ 協力者の巻き込みと試行

　仕上がった実施計画書をもとに，実際にプロジェクト活動の計画を協力者に提案してみる。そして，協力者から理解を得ることができれば，提案したプロジェクト活動を協力者と協働して試行してみる。

図表4｜企画内容のプロポーザルのようす

Ⅱ−⑤ 活動の工程表を作成する

プロジェクト活動の5W2H（When いつ，Where どこで，Who 誰が，What 何を，Why なぜ，How to どのように，How much いくらで）を確定させ，活動を実施するための準備内容やスケジュールを工程表にまとめる。

Ⅱ−⑥ 活動の企画書および実施計画書の発表

Ⅱ−①〜⑤のプロセスとともに，プロジェクト活動の企画書および実施計画書（工程表含む）を発表し，企画したプロジェクト活動が必要とされる地域的背景，プロジェクト活動の内容や目的，効果，近づけようとしている地域のビジョンに論理的な齟齬がないかを点検する。

Ⅲ　協働実践

プロジェクト活動を実施することによって，多くの成功とともに失敗も体験する。そうした体験から学び，次の活動へつなげていくためにはプロジェクト活動の評価が重要となる。プロジェクト活動の実施後の学習課題は，それまでのプロジェクト活動の企画の立案と計画化の過程も含めて，活動を振り返り，評価・改善を加えていくことである。

Ⅲ−① 活動の実施

実施計画にそってプロジェクト活動を進めていく。実施に一定の期間を要する場合は，定期的に進捗状況を確認し，必要に応じて計画を見直す。

Ⅲ−② 活動の評価項目の検討

プロジェクト活動が地域の問題解決後のビジョンの達成に向けて，どのように貢献したか，活動の目的・目標の達成状況をどのような指標で評価するかなど，活動の評価項目を検討する。

Ⅲ-③ 活動の自己評価

プロジェクト活動が終了した時点で，活動を実施したグループ内での自己評価を行う。

Ⅲ-④ ワークショップの実施

グループ内の自己評価をもとに活動の協力者や関係者を交えたプロジェクト活動の評価を行い，設定したビジョンをさらに実現に近づけていくためには，活動の計画や方法をどのように改善したらよいか，協力者と活動の評価や改善点について話し合うワークショップを実施する。

図表5｜振り返りワークショップのようす

Ⅲ-⑤ 活動の評価と改善点の整理

ワークショップの結果を整理し，プロジェクト活動の評価と改善点をまとめる。

Ⅲ-⑥ 活動の評価と改善計画の発表

Ⅲ-①〜⑤のプロセスとともに，プロジェクト活動の評価と改善計画を発表する。

2 実践の解説

以上のようなプロジェクト活動を通じたプロジェクト学習の全18ステップを，地域協働学部では1年次から3年次までの3年間で展開している。これらのステップを高等学校などで展開する場合，「総合的な学

習の時間」などを用いた3年間のプログラムとなることが想定される。そして，一人の教員によって一つの学級のなかだけで展開するのではなく，チームティーチングを基本とし，教職員同士の協働はもとより，学校全体の協力・応援体制の構築と地域の住民組織や行政・企業などとの協働が必要となろう。

　しかしながら，学校教育という性格上，さまざまな時間的・空間的な制約のなかでプロジェクト活動を展開していかなければならない場合もあるだろう。このような長期間の取り組みや地域との協働，学校全体の取り組み体制の構築が難しい場合は，実際に活動を企画し，実施することを想像しながら，「Ⅰ地域理解」または「Ⅱ企画立案」のいずれかのみを，短期間で集中して進めるというやり方も考えられる。その際，いずれの場合も問題が解決された状態（持続可能な地域のビジョン）を描き，そのビジョンの実現に近づけるために何が課題か，どのような活動が求められるかを考案することが，プロジェクト学習の肝である。

　プロジェクト活動の遂行過程で学生や生徒は，多くの困難や葛藤に直面する。それらを乗り越えて，プロジェクト活動を最後までやり抜くなかで，たくましさや粘り強さ，交渉力，調整力，計画性など，学生や生徒は多くのことを学びとっていくだろう。

■参考文献

小田切徳美（2009）『農山村再生―「限界集落」問題を超えて』岩波書店

小田切徳美（2014）『農山村は消滅しない』岩波書店

日本環境教育学会編（2012）「7章　環境教育の進め方とその理論的背景」『環境教育』教育出版

溝上慎一・成田秀夫編（2016）『アクティブラーニングとしての PBL と探究的な学習』東信堂

美馬のゆり編著（2018）『未来を創る「プロジェクト学習」のデザイン』公立はこだて未来大学出版会

14　「持続可能な社会づくり」プロジェクト　|　177

UNIT 15

ESDの評価と21世紀の教育
AL　タイムライン・コンセプトマップ

小玉　敏也

教育科学的アプローチ

　各章の主題を俯瞰すると，私たちが生きる現代には，解決すべき多様な課題が存在していることに気づく。気候変動や多文化共生などの世界共通の課題（第7・13章）がある一方で，少子高齢化や中山間地域の活性化（第5・6・9章）は，日本が世界に先んじて直面している課題であるといえる。どれもが私たちが生きていくなかで向き合わなければならない課題群であり，放置すれば21世紀の社会はもはや持続不可能な状態に陥るはずである。

　グローバル化した現代社会において，これらの課題群は個別に存在しているのではなく，国境をこえて課題どうしが相互に絡まり合い，つながり合って存在している。したがって，その課題群を解決するためには，科学技術的（新規技術の開発,先端技術の適用等）・社会科学的（法令改正・政策推進など）アプローチだけでは不十分で，人々の意識を共同的／体系的な学習を経て斬新的に変革していく教育科学的アプローチが是非とも必要である。そこで登場するのが,持続可能な開発のための教育（ESD）なのである。

「持続可能な開発のための教育（ESD）」の特徴

　「持続可能性」（Sustainability）とは，地球資源の制約と環境容量の限界を踏まえた経済と社会の均衡ある発展を示す概念である。もともとは，どうすれば水産資源を減らさないで長期的に最大漁獲量を確保できる

か，という課題に係る資源評価分野の概念であった。この概念は，1980年世界保全戦略，1987年『Our Common Future』（ブルントラント委員会）などの文書や，1992年国連環境開発会議（地球サミット），1997年環境と社会に関する国際会議（テサロニキ宣言）などの国際会議での議論を通じて全世界に広がっていった。現在，国連総会では「持続可能な開発」（Sustainable Development）という用語で議論され，それは「将来の世代のニーズを満たす能力を損なうことなく，現在の世代のニーズを満たすような開発」との定義がなされ，先進国と開発途上国が協力して取り組む政策の中核的な概念となっている。

第2章で詳述された「持続可能な開発のための教育（ESD）」とは，20世紀後半に世界的に拡大した公害問題・地球環境問題を解決していくための教育と，貧困・飢餓・識字率・健康（HIV，感染症，乳幼児死亡率）などの人間開発問題を解決していくための教育が統合された国際的な教育運動である。それは，深刻な問題を生み出した20世紀の教育を批判的に乗りこえて，21世紀の新たな教育を構築していくための壮大な試みでもある。換言すれば，地球全体が持続不可能な状態に陥るという危機意識を背景に，大量消費・大量生産の価値観に覆われた20世紀型の教育から，資源循環型の消費・生産を志向する21世紀型の価値観に転換させるための教育運動であるともいえる（図表1）。

	20世紀（Egoの世紀/Brownの社会）	21世紀（Ecoの世紀/Greenの社会）
環境	化石燃料エネルギー 自然破壊・開発，種の減少と絶滅 公害，気候変動の発生と激化	再生可能エネルギー 自然保護・保全，生物多様性 アメニティ，気候変動への適応と抑制
経済	大量生産・大量消費 高度経済成長 不均衡貿易，貧困（GDP）	資源循環型生産・消費 定常経済・低成長 公正な貿易，ゆたかさ（GNH）
社会	男女格差，戦争・対立 ピラミッド型組織，パターナリズム 国家，トップダウン	ジェンダー平等，平和・対話 ネットワーク型組織，パートナーシップ，地域，ボトムアップ

図表1｜21世紀の価値観（小玉2019）

20世紀前半までの日本の近代教育は，教師・行政官・経営者等の指導者・政策立案者・推進者の立場から議論されてきた傾向があり，そこ

15　ESDの評価と21世紀の教育｜179

から「教え育てる」という上位の者が下位の者を導く語感のある〈教育〉という用語が説得力を持つようになった。しかし20世紀後半からは，子供・生活者・市民の立場からとらえ直す議論に転換し，そこから〈学習（＝学び習う）〉という用語で議論する機会が増えてきた。この転換には，参加型民主主義の浸透や市民社会の広がりを背景として，1985年の第4回ユネスコ国際成人教育会議で採択された『学習権宣言』が大きな役割を果たしている。そこでは，「学習する」ことが人間的発達を獲得する基本的人権の一つであることを，高らかに宣言している。

学習権宣言

学習権とは，

読み書きの権利であり，

問い続け，深く考える権利であり，

想像し，創造する権利であり，

自分自身の世界を読み取り，歴史をつづる権利であり，

あらゆる教育の手だてを得る権利であり，

個人的・集団的力量を発達させる権利である。

ESDは総合的な教育運動であるために，日本語の〈教育〉と〈学習〉双方の要素を含むが，基本的には『学習権宣言』の精神を踏襲していることを確認しておきたい。その特徴を，一般的な教育学の4つの層（目的・内容・方法・評価）に即して説明する。

1 教育 / 学習目的

ESDには，二つの目的が並存している。第一に「個人が持続可能性に関する課題を学ぶ過程で変容し成長していく」という〈認識変容・人格陶冶〉に関する目的，第二に「持続可能な社会（環境・社会・経済の均衡ある発展）を構築する」という「社会形成・人財育成」に関する目的である。前者は，一人一人がかけがえのない個人として尊重され，豊かな人生を切り拓くための人権に関わる目的である。後者は，その個人

が他者と共同しよりよい社会を構築していく社会権に関する目的である。また，「人財育成」という観点では，国民を育成する国家／社員を育成する企業に関する国家運営と組織発展に関する目的も併せ持つ。この教育／学習目的が孕む重層性に留意する必要がある。

② 教育／学習内容

　ESD は世界の諸課題を教育／学習内容としているために，その時間軸（過去・現在・未来）は長期に渡り，空間軸（個人・地域・国家・世界）も広範囲に拡大する。したがって，あまりに対象が広く漠然としているために，どのような実践を構想すればよいのか困惑しがちである。そのデメリットを補うべく，国立教育政策研究所（2012）は，ESD に関する教育／学習内容を 6 つの概念にまとめた（図表 2）。
表中の「Ⅰ 多様性」「Ⅱ 相互性」「Ⅲ 有限性」は『人を取り巻く環境に関する概念』で，「Ⅳ 公平性」「Ⅴ 連携性」「Ⅵ 責任性」は『人の意思・行動に関する概念』の二つの概念に分類されている。これらの概念は，具体的な事象に引き寄せた場合，どう理解すればよいのだろうか。

　それは，「気候変動」という主題を例にして考えるとわかりやすい。気候変動は，『人を取り巻く環境』に関する現象であるが，各国での影響の実態に「多様性」があり，海水温と気温の上昇が関連するという意味で「相互性」もあり，温暖化によって収穫できる農作物の「有限性」が生じる。

　また，気候変動は，『人の意思と行動』にも関連する現象で，私たちには，その影響を緩和・抑制する対策を考える「責任」があり，それは政府，企業，NPO，教育機関などと幅広く「連携」しなければならない。私たちの世代だけ地球の恩恵を享受して，対策を怠ることで次世代の人々に悪影響を残すとすれば，世代間の「公平」性が確保できない。このように，抽象的概念を具体的な事象と関連づけることができる。

　つまり，「気候変動」という主題を教育／学習内容に設定した場合に，網羅的な知識の教授を主眼とするのではなく，抽象的な概念を学ぶこと

によって，その主題を構成する〈ものの見方・考え方〉をこそ学習者に獲得させるということである。これは，科学技術の急速な進歩によって，知識そのものが短時間で古くなる現代において，6つの概念を使って事象を認識する方が，逆にその理解が深まるという考えを前提としている。

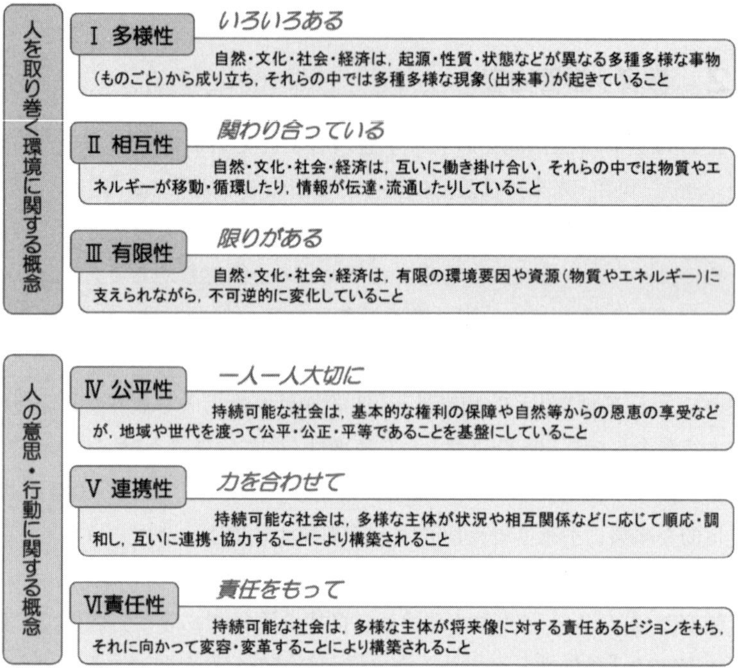

人を取り巻く環境に関する概念

Ⅰ 多様性 *いろいろある*
自然・文化・社会・経済は，起源・性質・状態などが異なる多種多様な事物（ものごと）から成り立ち，それらの中では多種多様な現象（出来事）が起きていること

Ⅱ 相互性 *関わり合っている*
自然・文化・社会・経済は，互いに働き掛け合い，それらの中では物質やエネルギーが移動・循環したり，情報が伝達・流通したりしていること

Ⅲ 有限性 *限りがある*
自然・文化・社会・経済は，有限の環境要因や資源（物質やエネルギー）に支えられながら，不可逆的に変化していること

人の意思・行動に関する概念

Ⅳ 公平性 *一人一人大切に*
持続可能な社会は，基本的な権利の保障や自然等からの恩恵の享受などが，地域や世代を渡って公平・公正・平等であることを基盤にしていること

Ⅴ 連携性 *力を合わせて*
持続可能な社会は，多様な主体が状況や相互関係などに応じて順応・調和し，互いに連携・協力することにより構築されること

Ⅵ 責任性 *責任をもって*
持続可能な社会は，多様な主体が将来像に対する責任あるビジョンをもち，それに向かって変容・変革することにより構築されること

図表 2│持続可能な社会づくりの構成概念

③ 教育／学習方法

ESD は，幼児教育・初等中等教育・高等教育のフォーマル教育と，社会教育・民間団体・企業教育などのインフォーマル教育の全体を対象領域とする。当然のことながら，各領域の場・時間・発達段階などの諸条件に応じて，教育／学習方法を変えなければならない。

端的にいえば，本書で取り組んできたさまざまな手法が，ESD の教育／学習方法であるといえる。それらに共通する特徴は，①学習者中心

主義，②参加・体験の重視，③思考力の活性化，④学習活動の可視化の4点を挙げることができる。指導者の立場から，①は学習者自身が学習課題を「我がこと」として深くとらえ，自らが「学びたい/学ばなければならない」という意欲を引き出すという特徴。②は，"Learning by Doing"の考え方通り，学習者が学習の「場」に積極的に参加し，実感をともなった体験をすることによって認識した内容を定着させ，次の行動に結びつけるという特徴。③は，他者との「対話」を中心に「ものを操作する」「役割を演じる」などの身体的な活動を経験しながら複雑かつ高度な思考（システム・シンキング，クリティカル・シンキングなど）を育成するという特徴。④は，さまざまな教材を活用することによって，本来は脳の中で展開される思考の様相を，学習の「場」に目に見える形で再現できるだけでなく，それは誰もが参加しやすく，意見が言いやすい雰囲気をつくり出す特徴を持つ，ということである。

　ユネスコでは，本書で取り上げる方法とは別に，「Experiential learning：体験的な学習」「Story telling：もの語り」「Values education：価値教育」「Enquiry learning：探究的な学習」「Future Problem Solving：未来問題の解決」「Learning outside the classroom：教室外の学習」「Community Problem Solving：地域の問題解決」といった7つの教育/学習方法を提示している[1]。

④ ESD の評価

　「評価」にあたっては，誰が，いつ，どのような目的で，何を，どのような方法で測定するか，という問題の立て方がなされる。たとえば，学校教育における評価とは，教員が，1学期間で，教科内容の定着度を測る目的で，テストの数値を参照して診断をすることが通例である。それは，〈教育〉（上位の者が下位の者を導く）の立場の典型的な評価である。しかし，ESD は本来的に学習者中心主義の立場をとるので，評価のありようも大きく変わるはずである。また，評価の実施主体が，地域，民間団体，企業などの学校以外の組織であるなら，これもまた異なる様

相を呈する。

　一般的な評価とは，目標・指標の設定→テスト・質問紙によるデータの収集→データの統計的処理→結果の分析と考察→結論，というプロセスの「量的評価」をイメージすることが多い。学校教育で使われる指導要録は，基本的にこの評価論に近い考え方を採用している。一方，統計的な数値によって導き出された評価が，教育/学習の正確な実態を記述できない問題点を指摘し，その限界を批判的に乗りこえようとするのが「質的評価」である。これは，評価者がある特定の事例・事象に長期間関与して，対象者の質的なデータ（言葉，映像，パフォーマンスなど）を収集し，個別の事例・事象の持つ意味を深く考察し，一般的な結論に結びつけようとする評価である。

　しかし，この評価にも評価者の主観性に関わる問題点があることから，この長所と短所を生かしたトライアンギュレーション（三角測量）という評価法を用いることが多い。これは，「一つの現象をさまざまな角度から眺めることで，現象への理解を深め，発見された知見の妥当性を高める」という発想である（中村 2007:235）。

▶ 評価手法 HOPE

　2000 年代初期から日本の ESD 推進に関与してきた ACCU（財団法人ユネスコ・アジア文化センター）は，アジア・太平洋地域において ESD の評価を実践してきた。ESD の方針（「地域に根ざし，社会と環境を大切にし，プロジェクト参加者をエンパワーする」）のもとで，HOPE という評価のフレームワークを作成し，それを ESD を実践した海外の地域で試みたという[2]。

　HOPE とは，Holistic（包括的：持続可能性の問題に対応するさまざまなアプローチを総合的に活用する能力），Participatory（参加型：参加型手法を積極的に取り入れること），Empowering（力を与える：個人やコミュニティがさまざまな技術や生計の糧をみつけること）を意味する評価手法であるが（ACCU 2009:6-7），後に Ownership（主体性にもとづく：学習の方向性や内容について，個人やコミュニティが自分自

身で決める必要性）が指標に付加された。

　このフレームワークを使って，研究者と ESD 実践者・ACCU スタッフからなるチームが，計7か国のESD推進地域を訪問し，現地のプロジェクト参加者・管理者，学習者にインタビューし，当事者自身がプロジェクトの活動を見直し，地元の文脈のなかで何が重要な課題だったのかを振り返る評価活動を行った。このとき，評価する側がされる側を観察・記録し一定の基準で成果を測るのではなく，両者の間に壁をつくらず，対話を重ねることで当事者の気づきを促し，プロジェクトを主体的に運営するための評価活動になるように設計した。このような手法は，その地域の当事者が事前・中間・事後の3局面で，上記4観点を指標項目にしたルーブリック（Rubric）による自己評価を行うイメージを持つとよいだろう。

　ESD 自体が総合的な教育運動であるために，実践の評価研究についてはまだ緒についたばかりである。次節のワークを参照しながら，どのような評価活動が可能なのか考えてみよう。

ワーク「『未来の学校』を構想する」

　これから紹介するのは，「『未来の学校』を構想する」という4単位時間を想定した学習活動例である。紙とペンがあればできる簡単なワークであるが，第1〜14章をすべて学習したうえで取り組めば効果が上がる。また，学習していなくても，誰もが経験した「学校」を素材にしているので，比較的取り組みやすいだろう。ただし，ワークが単純なだけに，ファシリテーターの積極的な関与が求められる。

目的
①学校のさまざまな課題が，地域とどのように結びついているか理解する。
②学校を取り巻く地域の資源の存在に気づき，それをどう学校と地域の

15

15　ESD の評価と 21 世紀の教育　|　185

協働的な教育活動に反映できるか考える。

③21世紀を時間軸で展望しながら，「望ましい未来」を具体的に考える。

④①～③を踏まえて，「未来の学校教育」を構想する。

1 「現在の学校」のイメージを創る（KJ法）

用意するもの

① A3の紙，②付箋，③ペン

進め方

STEP 1 　3，4人でグループをつくり，1枚の紙を使う。

STEP 2 　紙の中央部に「現在の学校」という円を記入する。

STEP 3 　青色の付箋は肯定的な面，赤色の付箋は否定的な面，黄色の付箋はどちらともいえない面として，各自が付箋にキーワードを書いていく。

STEP 4 　書き終わったら付箋をグルーピングし，全体の傾向をつかむ。

STEP 5 　「現在の学校」の評価について話し合う。

2 学校を取り巻く地域の資源を考える（地域資源マップ）

用意するもの

① B4の紙，②付箋，③ペン

進め方

STEP 1 　3，4人のグループで行うが，マップは個人でつくる。

STEP 2 　中央に，卒業した小学校あるいは中学校の図を描く。

STEP 3 　地域の「もの」：学校周辺にある人工物（道路・建物など），と非人工物（川・森など）の絵を描き込む。

STEP 4 　地域の「人」：地域に在住する印象的な人，地域と交流する印象的な人，地域に尽くした歴史上の人物を，②のマップと重なるように絵を描く。

STEP 5 　地域の「こと」：地域の祭り，イベント，慣習など，印象的な

ことを描く。

STEP 6 できあがったマップをグループ間で見せ合い，さらに気づいた資源（人・もの・こと）を書き加える。

STEP 7 マップ全体を見て，当該地域の肯定的な面（青色付箋），否定的な面（赤色付箋），どちらともいえない面（黄色付箋）を貼り，各付箋に簡単な説明を記入する。

STEP 8 作成したマップを，各自がグループのなかで説明する。

STEP 9 グループのなかで，テーマを決めて話し合う。

　　　例1)「学校と地域は，どのように結びついているのか？」

　　　例2)「学校の肯定的・否定的な面は，地域の実態とどう関係しているのか？」

　　　例3)「学校と地域を，もっとよくしていくには，どのようなことに取り組めばよいだろうか？」

③ 21世紀の社会のあり方を構想する（タイムライン）

用意するもの

① A3の紙を横長2等分，②付箋，③ペン

進め方

STEP 1 3, 4人のグループで行うタイムラインをつくる。

STEP 2 横長の紙の上部左端から等間隔に「過去」「現在」「未来」と記入する。

STEP 3 「過去」の下部に，日本・世界で起きた印象的なできごとを記入する。

STEP 4 「現在」の下部に，同様の内容を記入する。

STEP 5 「未来」の下部には，想定できるできごと（黄色付箋），望ましいできごと（青色付箋）を書いて，各自が貼り付けていく。

STEP 6 付箋の内容を見ながら，環境・経済・社会の，どの領域に関する内容か，ペンで色分けしながらグループ化していく。他に，文化，政治，技術等の項目を付加してもよい。

15

15　ESDの評価と21世紀の教育　｜　187

STEP 7 上記の 3 つの分野で偏りが生じた場合，新たな付箋を追加して貼っていく。

STEP 8 作成したタイムラインをもとに，テーマを決めてグループで話し合う。

例 1)「想定できるできごとは，どのようにして実現できるか / 防げるか ? 」

例 2)「望ましい未来は，どのようにして実現できるか / 実現が困難だとしたら何が要因か ? 」

例 3)「私たちの地域と未来社会は，どのように結びついているのだろう」

※「過去」「未来」の時間の範囲は，指導者が学習者の年代と話し合って決める。

過去	現在	未来
(W) ・2001 　アメリカ同時多発テロ ・2008 　リーマンショック (J) ・2011 東北三陸沖大地震	(W) ・2016 　トランプ大統領当選 ・AI が話題に (J) ・消費税 10% ・平成が終わった	・自然災害を防ぐ対策 ・差別のない世の中に ・AI より優位に立つ人間 ・バイトの最低賃金増額 ・どうする人口減少 ・外国人労働者の増加

④ 「未来の学校」を構想する（コンセプトマップ）

用意するもの

① A3 の紙，②ペン

進め方

STEP 1 同じ 3, 4 人のグループで，1 枚の紙を使う。

STEP 2 紙の中央部に「未来の学校」という円を記入する。

STEP 3 ①②③の学習を踏まえて，「持続可能性」という観点から連想する言葉を記入していく。

STEP 4 コンセプトマップの全体を見渡して，「未来の学校」のイメージを共有する。

STEP 5 ①「現在の学校」と④「未来の学校」を比較し，テーマを決めて話し合う。

例1)「未来の学校は，どのような点が持続可能か？」

例2)「持続可能な社会の学校は，どのような学校か？」

STEP 6 国内外の ESD を実践する学校の映像資料を紹介して，21 世紀の具体的な学校像を話し合う。

■注記

1) ユネスコのウェブサイト（"Teaching and Learning for a Sustainable Future" http://www.unesco.org/education/tlsf/ , Last visited, 2, November 2018）

2) http://www.accu.or.jp/esd/jp/hope/index.html, Last visited, 2, November 2018

■参考文献

ACCU（2009）『Tales of Hope Ⅱ：Innovative Grassroots Approaches to Education for Sustainable Development（ESD）in Asia and Pacific』,（http://www.accu.or.jp/esd/hope/pdf/tales_of_Hope2.pdf, Last visited, 2, November 2018）

国立教育政策研究所（2012）「ESD の学習過程を構想し展開するために必要な枠組み」（https://www.nier.go.jp/kaihatsu/pdf/esd_leaflet.pdf, Last visited, 2, November 2018）

小玉敏也（2019）「ESD 時代のカリキュラム改革と方法論」鈴木敏正・降旗信一（編著）『教育の課程と方法：持続可能で包容的な未来のための』学文社，p.73

中村高康（2007）「混合研究法」小泉潤二・志水宏吉（編著）『実践的研究のすすめ：人間科学のリアリティ』有斐閣，pp.233-247

EPILOGUE
あとがき

　本書は，一般社団法人日本環境教育学会に常設された学校環境教育研究会の研究成果の一部をなすものです。研究会は，学校教育における環境教育の発展を目ざして，学会の設立とともに組織されました。研究会では，活動の手始めに，学校での環境教育の普及の手助けとなるべく，環境教育の全体を俯瞰することのできるテキストを作ることにしました。

　しかし，学校と言っても小中高大と校種は様々です。研究会では，小・中学校，高校の学習指導要領に「環境」と名のつく教科・科目が存在していない現状を踏まえたとき，現在の日本で環境教育の普及を促進させるには，将来，先生として教壇に立つ可能性の大きい教員養成学部や一般学部の教職課程で学ぶ人たちに，環境教育について知ってもらうことが何より大切かつ近道ではないかと考えました。また，主題の解説に加えて実践についても丁寧に触れることで，中学校や高校の総合学習，市民講座や企業の事業などでも使えるテキストにできればと考えました。

　このコンセプトに賛同してくれる仲間を学会内に募ったところ，幸いにも多くの会員が集まってくれました。本書の執筆陣はこうして生まれました。よいテキストにしたいという熱い思いは共有しつつも，執筆者は大学の教員から現場の実践者まで，また何度も本を書いたことのあるベテランから，今回初めて市販本の原稿を書くという人まで様々です。その結果，ユニークな仕上がりとはなりましたが，集まった原稿の解説部分と実践部分のバランスを調整したり，全体の難易度や体裁を整えたりするのに思わず時間がかかり，気がつけば構想から完成まで足かけ3年を要することになりました。

　この間，執筆者には何度も書き直してもらうことになりましたし，キーステージ21の大久保正弘社長はじめ，編集・出版の労を取って下さった方々には本当に根気よくお付き合いいただきました。この場を借りて皆さまに厚く御礼申し上げます。

学校環境教育研究会代表　水山光春

EPILOGUE | 191

Authors
執筆者

荻原　彰　おぎはら　あきら　　　　　　　　　　　　　UNIT 01

三重大学教育学部教授。

長野県公立高等学校教諭，兵庫教育大学大学院連合学校教育学研究科修了，博士(学校教育学)。
著書・執筆に『アメリカの環境教育―歴史と現代的課題―』学術出版会，『自然と共同体に
開かれた学び―もう一つの教育・もう一つの社会―』鳥影社。趣味は寺社散策。

新堀　春輔　しんぼり　しゅんすけ　　　　　　　　　　　UNIT 02

公益財団法人京都市環境保全活動推進協会事業課長，地球・環境共育事務所 Earth-PAL 代表，
常磐会学園大学国際こども教育学部兼任講師，同志社大学大学院総合政策科学研究科博士後
期課程在学中。
立命館大学産業社会学部人間福祉学科卒，社会福祉士，JICA 青年海外協力隊（青少年活動，
環境教育／セネガル共和国），同志社大学大学院総合政策科学研究科修了，修士（ソーシャル・
イノベーション）。趣味は料理，キャンプ。

松重　摩耶　まつしげ　まや　　　　　　　　　　　　　UNIT 03

徳島大学 環境防災研究センター 専門研究員。
徳島大学大学院先端技術科学教育部博士後期課程修了，博士（工学）。
干潟大好き『Gata Girl』副代表。
兵庫県高砂市，西宮市，尼崎市，といった都市近郊の沿岸域を中心に，自然環境の再生に関
する研究と環境教育を実践している。
趣味はコスパ重視の直感旅行，B 級グルメ，手相占い，ヤマトオサガニの観察。

上月　康則　こうづき　やすのり　　　　　　　　　　　UNIT 03

徳島大学大学院教授 環境防災研究センター 副センター長。
徳島大学大学院工学研究科博士後期課程修了，博士（工学）。
主に海辺の環境再生に関する研究，南海トラフ巨大地震・津波の「事前復興まちづくり」に
関する研究を通し，自然の恵み・災いと共生する社会について考えている。
著書・執筆に『大阪湾―環境の変遷と創造』恒星社厚生閣，『発見！徳島の自然と文化』阿
波学会，『よくわかる環境工学』理工図書など。
趣味は JAZZ，レンタサイクリング，四国防災八十八話巡り。

岩本　泰　いわもと　ゆたか　UNIT 05

東海大学教養学部准教授。

東京学芸大学大学院連合学校教育学研究科修了，博士（教育学）。神奈川県内の高校教員，
東海大学教養学部人間環境学科，同大学院人間環境学研究科専任講師を経て現職。

著書・執筆に『教育方法・技術論―主体的・対話的で深い学びに向けて』大学図書出版，『教
育の課程と方法―持続可能で包容的な未来のために』学文社，『SDGs と開発教育　持続可
能な開発目標のための学び』学文社。

趣味は Viola を弾くこと，テニスをすること，旅をすること。

河野　崇　こうの　たかし　UNIT 06

大阪キリスト教短期大学幼児教育学科講師。

関西学院大学教育学研究科博士後期課程単位取得満期退学，修士（教育学）。

著書・執筆に『コンパクト版　保育内容シリーズ③　環境』一藝社，『複数の視点から社会
問題を考えるモデル授業開発―環境教育分野「捕鯨論争」を教材として―』大阪キリスト教
短期大学紀要。

趣味はお城巡り，博物館巡り，世界遺産巡り。

丸茂　哲雄　まるも　てつお　UNIT 08

山梨県北杜市立須玉小学校校長

公立小・中学校の校長を歴任。山梨県北巨摩校長会会長，共創型対話学習研究所理事。日本
環境教育学会年次大会実行委員。

趣味・夢中なことは SDGs に関する遊びや学びを探すこと，菊作りや野菜作り。

Authors

桒原　智美 くわばら　ともみ UNIT **09**

東京学芸大学附属高校教諭。

東京都公立中学校，東京学芸大学附属世田谷中学校教諭（19 年間）を経て現職。

東京学芸大学卒業，東京学芸大学大学院修士課程修了。現在，東京農工大学連合大学院博士課程在学中。国立青少年教育振興機構「教科等に関連付けた体験活動プログラム推進委員会」外部委員。

執筆に，全国家庭科教育協会「家庭科」2019 年 1 号，東京学芸大学附属学校研究紀要 2018，東京学芸大学世田谷中学校研究紀要 2017，全国学校図書館協議会「学校図書館 No773」。

趣味は温泉に入ること，美術館・博物館で空いている場所の展示をみること。

海老原　誠治 えびはら　せいじ UNIT **10**

三信化工（株）学校食文化担当チーフ・アドバイザー，女子栄養大学短期大学部非常勤講師，関東学院大学非常勤講師。佐賀県立有田窯業大学校講師，JIS 原案作成委員。環境省 ウォーターフットプリント算出に関する研究会 オブザーバー。

執筆に月間『学校給食』連載「うつわから広がる食育」，『和食手帳』（和食文化国民会議 監修）思文閣出版，『世界の化学品規制・ルールの解釈とその違反回避のための実務』（Huishi Li ほか）技術情報協会，『カーボンフットプリントの最新状況・国際動向と事例集』（市川芳明 監修）サイエンス＆テクノロジー社。

趣味は食とお酒と食文化，陶磁器・骨董，人以外に対する供養・お墓。

渡部　裕司 わたなべ　ゆうじ UNIT **12**

神奈川県綾瀬市立綾北中学校教諭（社会科）。

東京学芸大学大学院修了，修士（教育学）。埼玉県公立中学校非常勤講師，神奈川県立高校非常勤講師ののち，現職。

著書・執筆に『環境教育／ESD 絵本試論：対象・関係認識を育み，他者性・当事者性理解を促すために』創風社，「中学校社会科地理的分野における ESD の観点を重視した実践：北アメリカ州の農業を事例として」『環境教育 28（3）』など。

趣味は野球観戦，マラソン，山登り。

渡辺　理和　わたなべ　りわ　　　　　　　　　　　　　　　　　　　　UNIT 12

甲南大学非常勤講師。

修士（教育学），甲南大学大学院人文科学研究科博士後期課程単位取得退学。日本環境教育学会関西支部事務局長，日本保健医療行動科学会評議員。

執筆に『森林環境教育プログラム（子ども向け）―ヒノキ林を活用して―』，『森林環境教育プログラム（大人向け）―京都市京北をフィールドとして―』農林水産省近畿中国森林管理局，「デューイの『プラグマティック・ホーリズム』による環境倫理の試み―環境プラグマティズムの実践化可能性をめぐって―」『アジア地域における"持続可能な未来"のための環境教育学』甲南大学総合研究所叢書 113。

趣味は庭仕事，散策。

田中　敏久　たなか　としひさ　　　　　　　　　　　　　　　　　　　　UNIT 13

東京都公立小学校主任教諭・東京都公立小学校管理職。

東京大学大学院農学生命科学研究科附属生態調和農学機構 社会連携協議会委員。環境省公認 環境カウンセラー。

執筆に『環境教育指導資料集(実践事例編)』文部科学省，『環境教育ハンドブック』日本教育新聞社，『森林文化教育の創造と実践』日本教育新聞社，『環境教育実践事例集』第一法規，『自然体験活動ベスト 24』学習研究社。

趣味はギター演奏・音楽鑑賞（Jazz・Blues・BosaaNova・Rock・Folk など），日本史（文化史・自然史）探訪。

斉藤　雅洋　さいとう　まさひろ　　　　　　　　　　　　　　　　　　　UNIT 14

高知大学地域協働学部助教。

東北大学大学院教育学研究科博士課程後期修了，博士（教育学）。

著書に『持続可能な地域と学校のための学習社会文化論』学文社。

趣味はトレッキング，ランニング。

Authors
編著者

小玉　敏也 こだま　としや　　　　　　　　　　UNIT **15**

麻布大学生命・環境科学部教授。

立教大学大学院博士後期課程修了，博士（異文化コミュニケーション学）。埼玉県公立小学校教諭を経て現職。立教大学 ESD 研究所客員研究員。

著書に『学校での環境教育における「参加型学習」の研究』風間書房，『持続可能な未来のための教育制度論』学文社など。

趣味はロードバイク，シュノーケリング，ジョギング。

諏訪　哲郎 すわ　てつお　　　　　　　　　　UNIT **04 / 08**

学習院大学文学部教育学科教授。

理学博士。日中韓環境教育協力会代表，日本環境教育学会編集委員長，同事務局長，会長を歴任。

著書・執筆に『学校教育3.0』三恵社，『持続可能性の教育』教育出版，編著『加速化するアジアの教育改革』『沸騰する中国の教育改革』以上，東方書店など。

趣味は山仕事（樹木伐採から加工，小屋づくりまで）。

棚橋　乾 たなはし　かん　　　　　　　　　　　　　　　UNIT 11

多摩市立連光寺小学校校長。

東京都公立中学校教諭（理科），東京都公立小中学校管理職を経て現職。

ESD 円卓会議委員，環境省中央環境審議会臨時委員。

執筆に『持続可能な社会づくりのための環境教育』全国小中学校環境教育研究会，『幼稚園・小学校環境教育指導資料』国立教育政策研究所，『ESD（持続可能な開発のための教育）推進の手引き』文部科学省。

趣味はヤギの飼育。

水山　光春 みずやま　みつはる　　　　　　　　　　　　　UNIT 07

青山学院大学教育人間科学部 特任教授。

博士（学校教育学），京都教育大学助教授，教授を経て名誉教授。

日本環境教育学会副会長・関西支部長，日本シティズンシップ教育フォーラム顧問，日本グローバル教育学会常任理事，日本社会科教育学会評議員等。

編著・執筆に『Education for Citizenship and Democracy』Sage Publications, London,『やわらかアカデミズム― よくわかる環境教育』ミネルヴァ書房，『18歳選挙権時代のシティズンシップ教育』法律文化社など。

趣味は，まち探検，畑づくり，これまでに訪れた世界の大学のマグカップ集め（ちなみに 30 個ほど集まった）。

キーステージ 21　ソーシャルブックス

環境学習のラーニング・デザイン
アクティブ・ラーニングで学ぶ持続可能な社会づくり

2019 年 5 月 31 日　初版発行

編　者　日本環境教育学会

編著者　小玉敏也／諏訪哲郎／棚橋 乾／水山光春

装丁デザイン　木村ほなみ

編集協力　網野瑠衣

発行者　大久保正弘

発行所　株式会社キーステージ 21

　　　　東京都町田市小山ヶ丘 4 丁目 7 番地 2 - 818　〒 194-0215

　　　　電話　本社 042-779-0601　出版部 042-634-9137

印刷・製本　モリモト印刷株式会社

© M.Mizuyama / T.Suwa 2019 Printed in Japan
本書の無断複写（コピー）は著作憲法上での例外を除き，禁じられています。
ISBN978-4-904933-15-2　C0037